JN333662

獲って食べる！

海辺を食べる図鑑

写真と文
向原 祥隆

南方新社

子供たちは海の生き物が大好き

大人も夢中になる

海は自然の野菜畑

あっという間に大収穫

1月
マガキのシーズン

2月
ヒトエグサが覆う

3月
ワカメが漂う

4月
マテガイの季節

年を取っても海は優しく迎えてくれる

貝の採れる海は家族連れで大賑わい

釣れる海辺には釣り人がいる

5月
イソスジエビ

6月
水が温むとニホンウナギ

8月
ミナミテナガエビ

10月
カワハギが岸壁に寄る

はじめに

50 歳を超える筆者が子供の頃、海に遊びに行けば、まず、貝などの食べられる物を探し始めるものだった。山に行っても同じだ。自然の中で食べ物を自分の手で獲得する。これはどんな遊びにも増して興奮させた。

数年前、会社のスタッフたちと奄美大島に旅行に出掛けた。海に出ると、早速、私は食べられる物を探し始めた。ところが若いスタッフたちは、少し海に浸かった後は砂浜に寝そべっているだけ。そのうち飽きて宿に戻ってトランプを始める始末。

海にはそこらじゅうに食べ物が転がっている。獲らない手はない。私たちは、親や兄弟、集落の遊び友達から、見つけ方、獲り方、危険な生き物などを教わった。だが街で育った若い世代には、こうした知恵はほとんど継承されていない。そういえば、春先に繁茂するワカメやヒジキ、アオサも、最近ではめったに獲る人を見かけない。私の独壇場なのである。

本書は、136 種の海辺の食べ物を紹介している。掲載の基準は、初めての大人はもちろん子供でも簡単に見つけ、獲れる種類であること。種類ごとに見つけ方、獲り方（捕り方、採り方）、下拵え、おいしい食べ方や保存方法を解説した。ウナギなどの川の生き物も収録した。

本書を片手に、ぜひ海辺に行ってほしい。きっと満足するはずだ。とりわけ子供たちは、新しい世界に足を踏み入れる喜びに胸を震わすに違いない。ずっと昔から人間は他の動物と同様、自然の中から食べ物を獲得して生きてきた。食べ物を自分の手で獲る。まさに人間の本能的な行為なのである。

何よりうれしいのは、全てタダだということ。本書の代金くらいは、冒頭のヒトエグサ（アオサ）を１回採りに行けば、元が取れた上にお釣りがくる。

もう一つ、自分で獲れば誰よりも新鮮な物を食べられる。鮮度は味の最重要な要素である。複雑な流通の中で投入されているかもしれない薬物の心配もない。安心して抜群においしいものを食べるという無上の快楽の世界が、目の前に無限に広がっている。

海は自然の野菜畑、生き物たちの牧場だ。

さあ、海に行こう！　獲って食べよう！

2014 年 10 月

向原祥隆

海辺を食べる図鑑

目次

獲って食べる

基本装備

さぁ、海辺に行こう

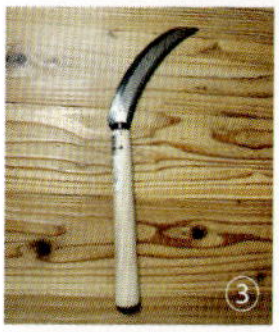

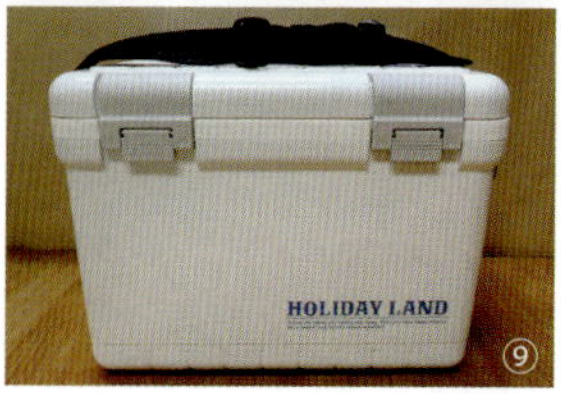

●気楽な服装で

磯に行くとき、足元や服装にこれといった注意は必要ない。高いところから転落でもしない限り、磯で死んだという話は聞かない。岩場で転んだらけがをする。一度痛い目に遭えば次から用心深くなる。ビーチサンダルでもスニーカーでも何でもいい。気楽な服装で海に行こう。

●水筒と帽子

大切なのは水筒だ。飲み水は海にはない。持っていかない限り水を飲むことはできない。のどが乾いたらへばってしまう。日差しが気になれば麦わら帽子をかぶって行こう。

●海藻採りはカマとバケツ、ビニール袋

海藻を採るならカマとバケツを持っていきたい。特に、ワカメやヒジキなどの大型の海藻採りにはほしい。小型の海藻なら手でむしり取れる。ビニール袋もいくつかあれば、種類ごとに収穫物を入れられる。

●貝採りはドライバー、軍手

磯の貝採りにはドライバーがなくてはならない。軍手も必需品。大きめの岩をひっくり返して岩の下に隠れている貝を採ったりする。岩にカキやフジツボが付いていたら素手ではけがをする。軍手があれば手のひらが傷だらけにならずにすむ。ひっくり返した岩は、もとに戻す。そのままでは、陽にさらされた生き物が全て死んでしまう。

●釣りに子供用の救命胴衣

防波堤での釣りで、何より注意したいのは子供の転落だ。小さい子には救命胴衣を着けよう。もし子供が落ちたら親が助けなければならない。ふたを閉めたクーラーボックスは浮輪代わりになる。抱いて飛ぶべし。

●クーラーボックスに氷

気温が上がれば収穫物が腐ってしまう。クーラーボックスは必需品。冷蔵庫で氷を作れば買う手間とお金を節約できる。1.5リットルの大きめのペットボトルに水を入れて凍らせておけば1日はもつ。

〈写真〉
①水筒　②麦わら帽子　③カマ　④バケツ　⑤ビニール袋
⑥ドライバー　⑦ペットボトルの氷　⑧軍手　⑨クーラーボックス

貝の塩茹で
貝を丸ごといただこう

採った貝は海水とともに持ち帰る。家に帰る頃には砂抜きされている。

海水をすくって鍋に入れて貝を塩茹でする。海水の塩分がちょうどいい。

貝は火を入れる前の冷たいうちから入れる。そうすると身を取り出しやすい。

茹で上がったら、茹で汁を薄めて貝スープ。茹で汁と貝の身でご飯を炊くと貝ご飯ができる。

貝殻は道の真ん中に置くと車に踏まれて粉々になる。

粉になった貝殻はニワトリの餌に混ぜるとカルシウムの補給になる。

❶ 海水を持ち帰る

貝を採ったらクーラーボックスに入れて持ち帰るだろうが、必ず海水を入れておこう。たっぷり入れる必要はないが、貝がひたひたになるくらいには入れる。二枚貝であれ、巻貝であれ、家に帰る頃にはすっかり砂抜きしてくれている。

❷ 海水で塩茹で

海水を入れるもう一つの目的は、その海水で貝を塩茹でするため。砂で濁っていても少し静かに置けば澄んでくる。上澄みをすくって鍋に入れ、持ってきた貝を茹でれば塩茹でができる。海水の分クーラーボックスは重くなるが、苦労以上のおいしさが味わえる。

❸ 巻貝は冷たいうちから

巻貝を茹でるポイントは、火を入れる前の冷たいうちから貝を入れること。そうすれば身が取り出しやすい。ぶくぶく煮立った湯にいきなり生きた貝を投げ込めば、貝は驚いて身を縮ませる。殻の奥深く縮んだら身は取り出せない。

❹ 茹で汁が侮れない

いい頃合いに茹で上がったら、いろんな種類の貝を皿に盛って味比べしながら食べる。茹で汁は濃厚な貝の出汁が出ているので、捨てるには余りに惜しい。そのままでは塩辛いので、味を見ながらお湯で薄めれば最高の貝スープとなる。貝の身とともに茹で汁でご飯を炊いてみよう。これがまたおいしいのなんの。極上の貝ご飯が楽しめる。ぜひ試してほしい。

❺ 貝殻はニワトリのエサ

食べた後の貝殻は、気に入れば飾りにすればいい。海辺の記憶が甦る。筆者はニワトリを飼っている。昔から貝殻は、卵の殻をつくるカルシウムの補給になると重宝されていた。

かつては金づちで砕いていた。そんな手間をかけずとも、車が通る道の真ん中に置いておけば、やがて粉々になる。粉になった貝殻を集めてニワトリの餌に混ぜて食べさせるのだ。

魚をさばく

自分でさばけば美味しさ倍増

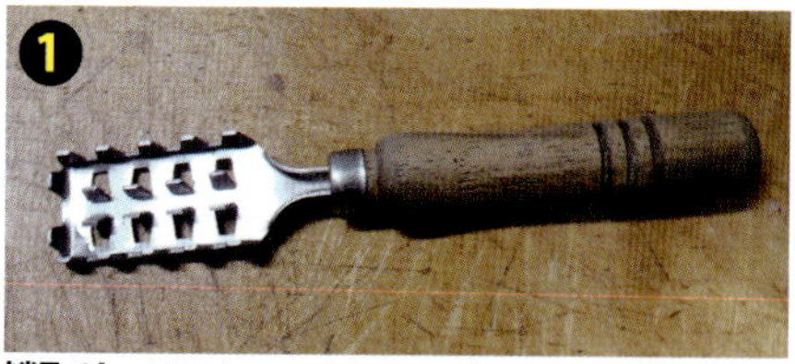

鱗取り　鱗は包丁でも取れるが、あれば便利。

出刃包丁　大きめの魚のかたい骨を切るにはないと困る。薄い刃の包丁では刃こぼれする。

薄い刃の包丁　下拵え以降は薄い刃の包丁が使いやすい。特に刺身を切るときは必要。

魚を洗う　まず魚を洗って準備する。

鱗を取る　まず大雑把に取りやすいところから始め、鰭の際や頭の鱗まできれいに取り除く。

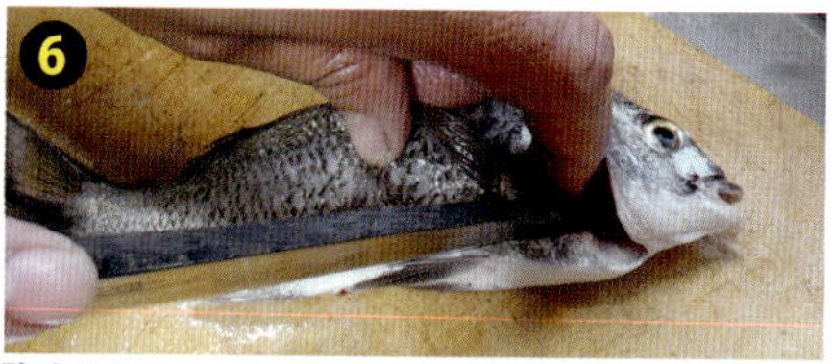

腹を切る　内臓を取るために切れ目を入れるが、えらぶたの下から肛門まで思い切って切る。

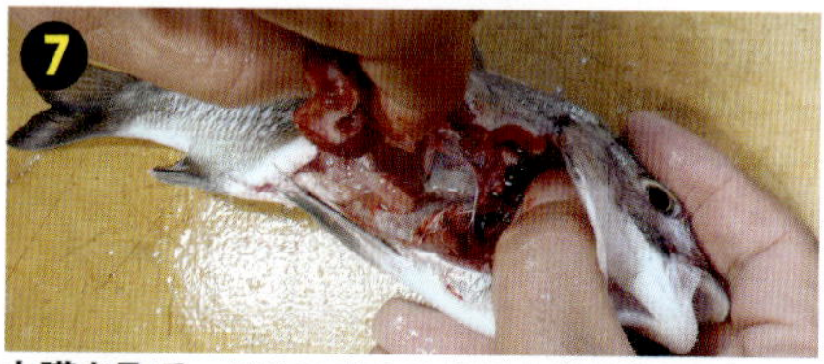

内臓を取る　鮮度の落ちる魚は内臓が崩れているが、新鮮な魚はきれいに取れる。えらごと取る。

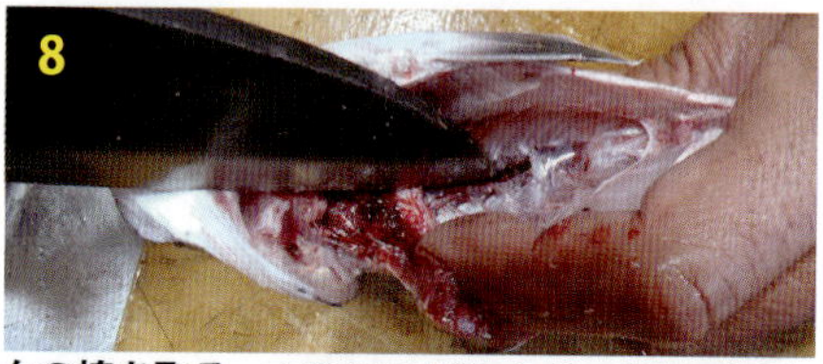

血の塊を取る　内臓を取り除いたら、背骨の腹側に血の塊があるので包丁でこそぎ取る。

下拵え完了　洗えば下拵えは完了。塩焼きや、煮付けの材料完成。以降は水洗いはしない。

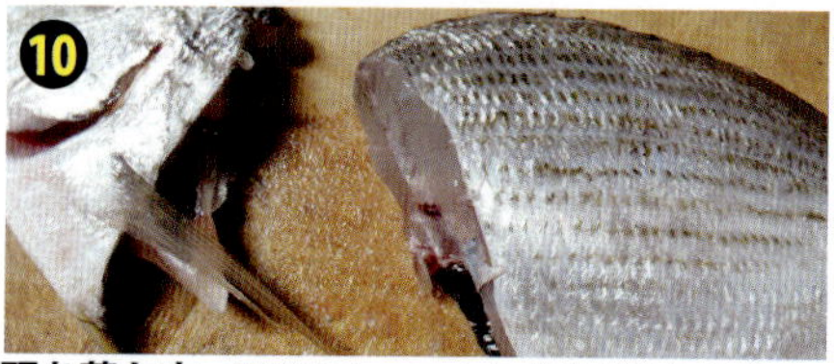

頭を落とす　刺身やムニエルなど身だけ使う場合は、3 枚におろす前に頭を落とす。

身を剥がす　背骨が盛り上がっているので、背側と腹側から丁寧に開いていく。

片身の完成　背骨からは、中骨が伸びているので⑪の最後に中骨を尾から切って行く。

3 枚おろしの完成　もう片身も同様に背と腹から開き中骨を切れば 3 枚おろしが出来上がる。

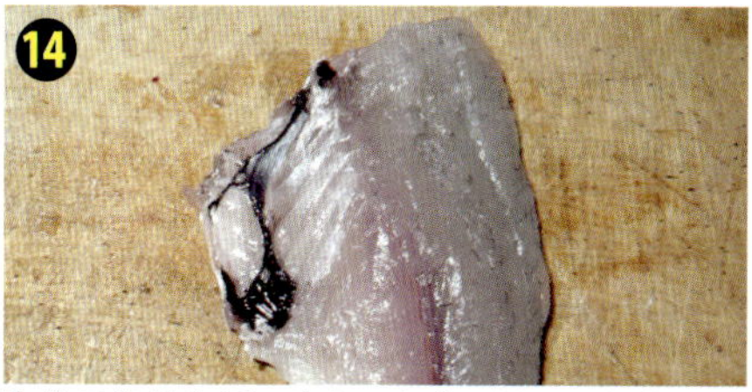

片身のおろし面　片身の内臓の側には腹膜とあばら骨が残る。

腹皮を取る　あばら骨ごと腹皮を削ぎ切る。サバなど青魚はアニサキス（寄生虫）に注意する。

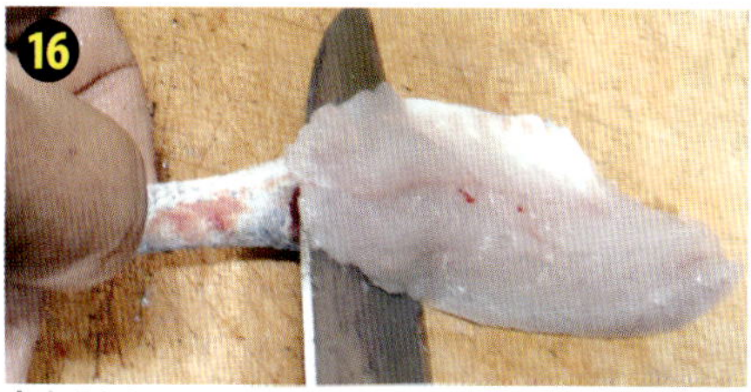

皮を剥ぐ　尾の方から身と皮の間に包丁を入れ皮を引く。失敗したら頭から再挑戦。

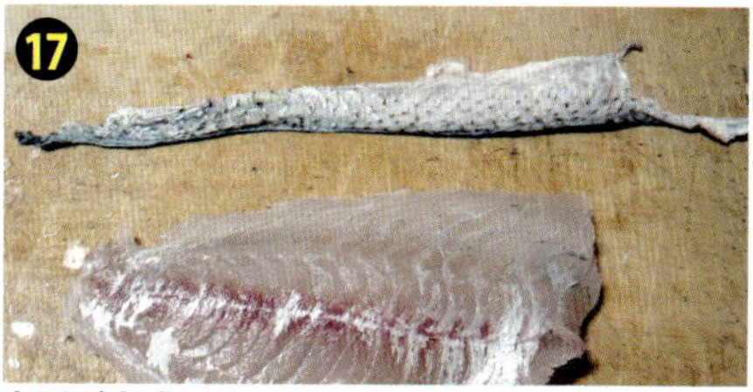

皮剥ぎ完成　皮は汁物に入れればおいしい。熱湯をかけるか焼けば皮剥ぎしなくてもいい。

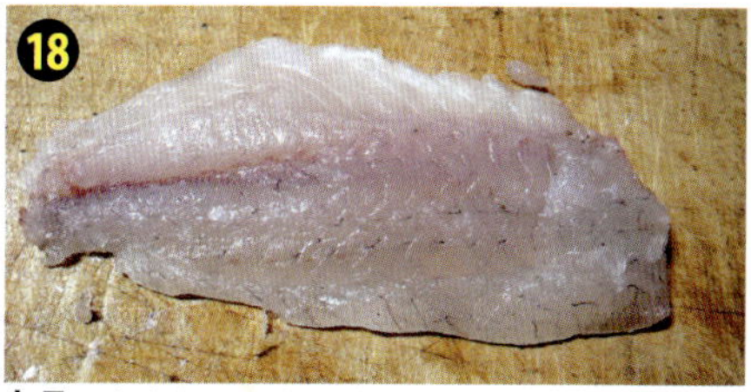

中骨　白身魚は血合いが少ないが、血合いの部分に中骨がある。気になれば取り除く。

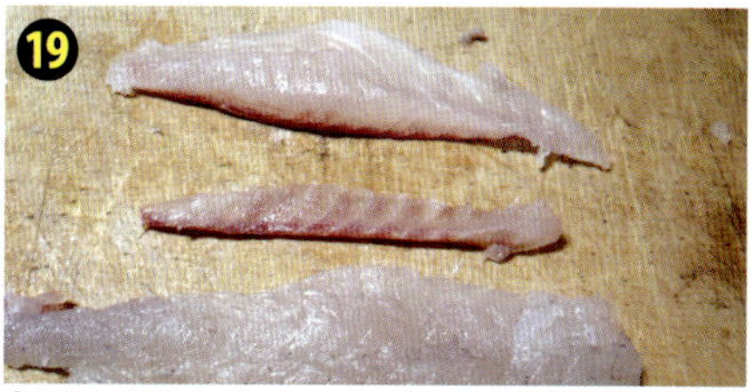

中骨取り除き完了　中骨は小さい魚は気にならない。料理人は毛抜きで取ったりする。

刺身の完成　片身の背と腹の 2 枚を薄く切れば刺身の完成。ネギを散らすと見栄えもいい。

■ 磯の呼び名

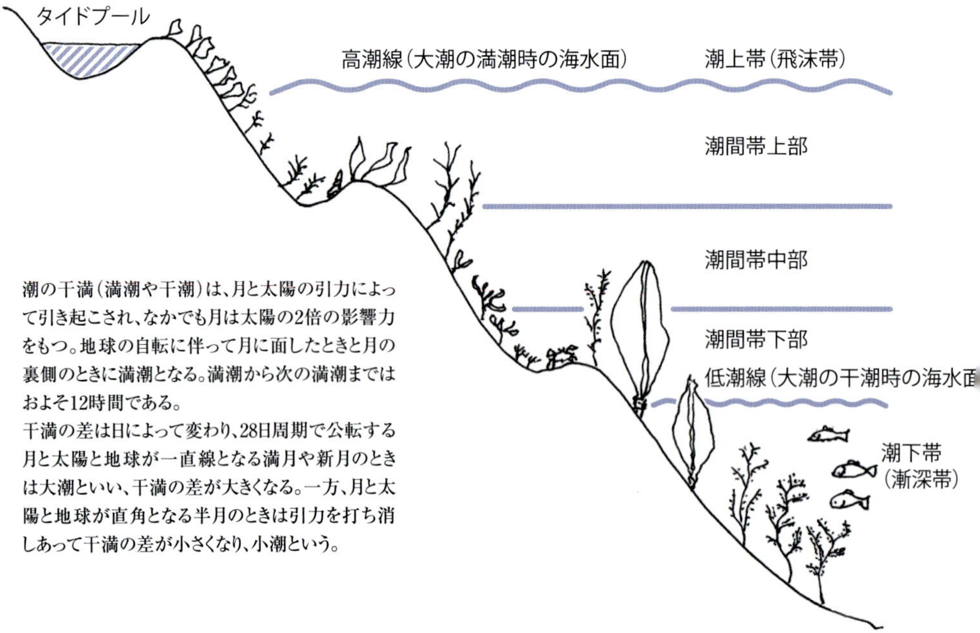

潮の干満（満潮や干潮）は、月と太陽の引力によって引き起こされ、なかでも月は太陽の2倍の影響力をもつ。地球の自転に伴って月に面したときと月の裏側のときに満潮となる。満潮から次の満潮まではおよそ12時間である。
干満の差は日によって変わり、28日周期で公転する月と太陽と地球が一直線となる満月や新月のときは大潮といい、干満の差が大きくなる。一方、月と太陽と地球が直角となる半月のときは引力を打ち消しあって干満の差が小さくなり、小潮という。

■ 海藻の各部の名称

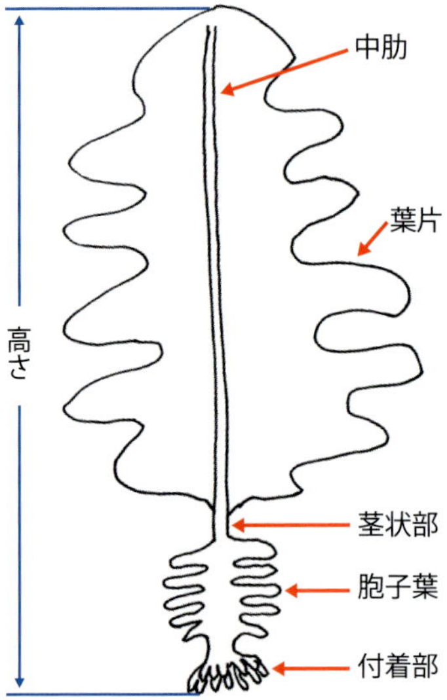

■ 巻貝の各部の名称

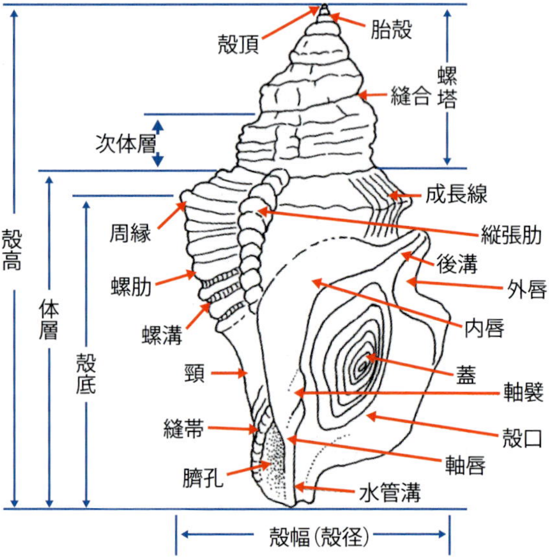

■ 二枚貝の各部の名称

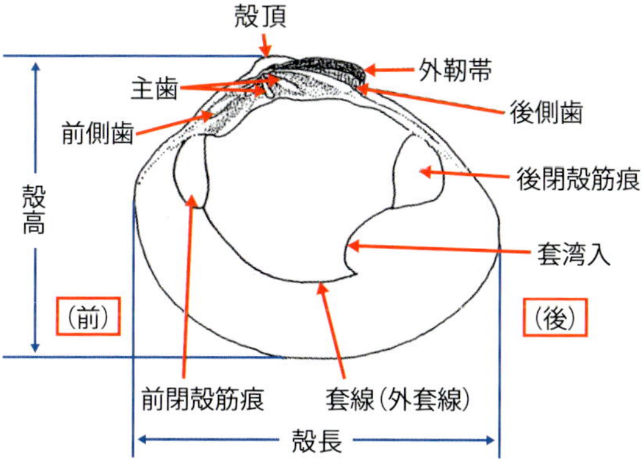

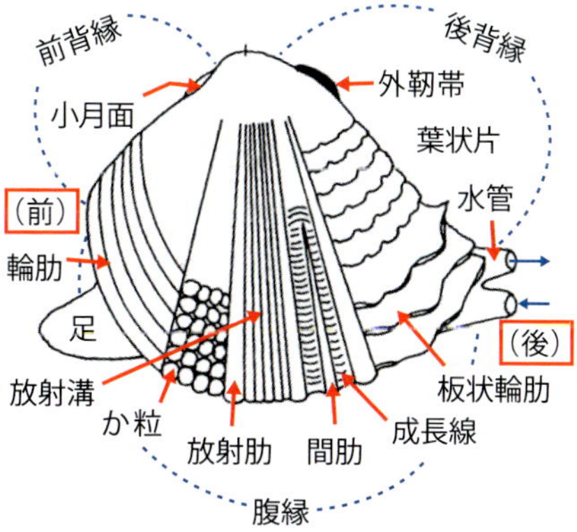

■ エビの各部の名称

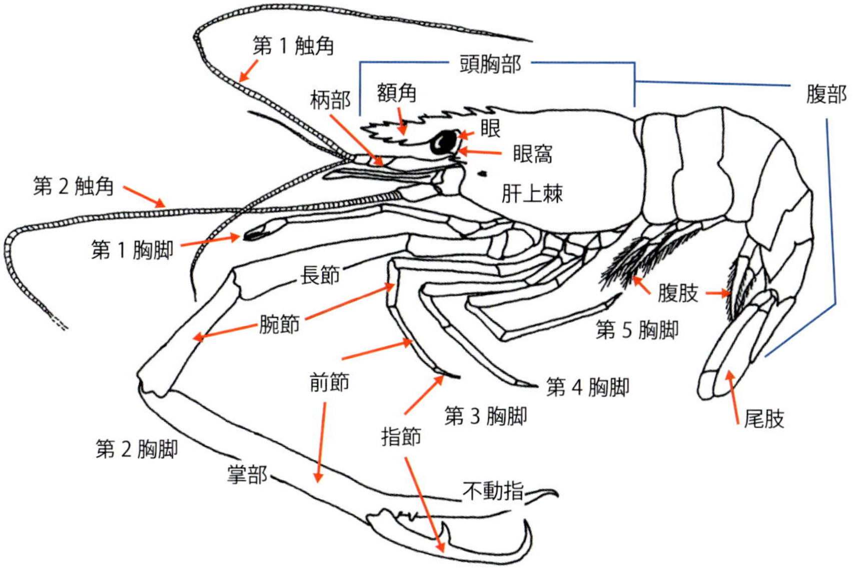

■ カニの各部の名称

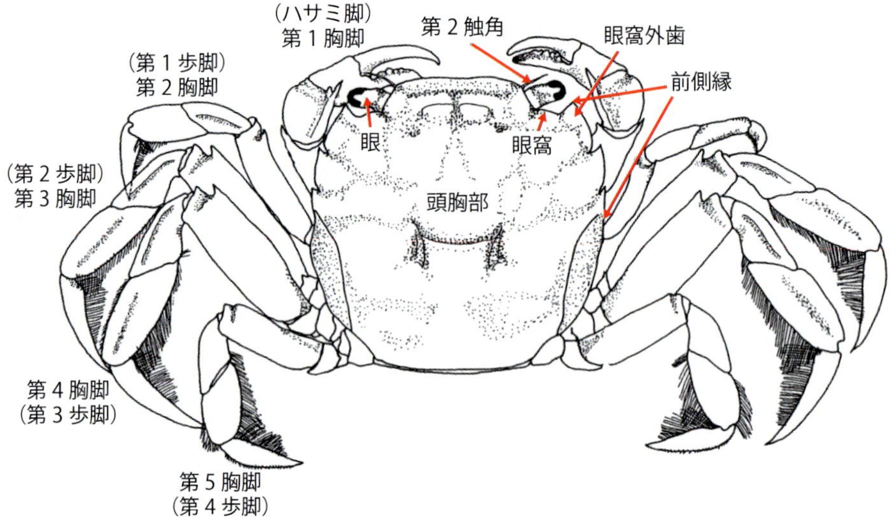

■ 魚の各部の名称

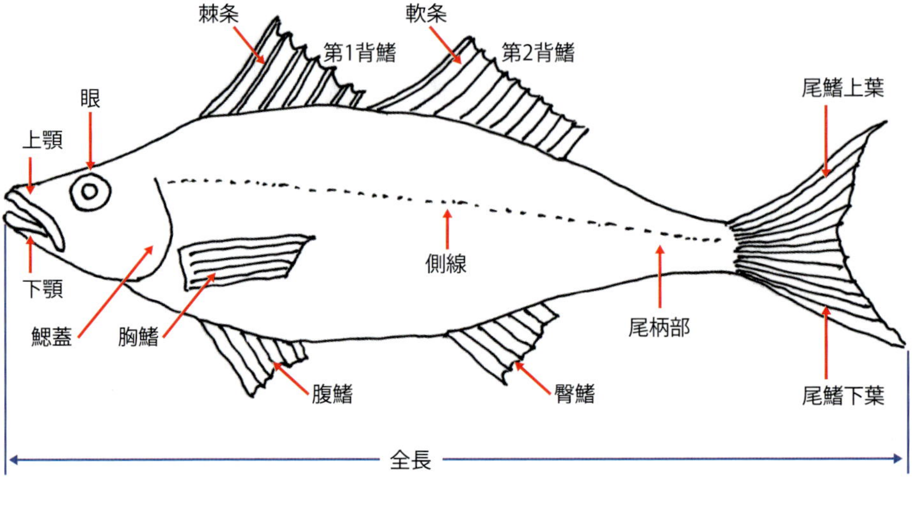

毒のある海の生き物

●食べられないものはない

「海の生き物で食べられないものはない」これは、海辺で会う年寄りに共通する言葉である。「食べられないものはない」を基本に据えていい。

岸壁で、沖から帰ってきた漁師が釣った魚の下拵えをしているのにしばしば出くわす。鱗や腹わたを取って海に投げ込み、バケツで汲んだ海水で魚をきれいに洗えば、家で待つ奥さんの手間も省けて喜ばれるというわけだ。

あるとき、大きめのクサフグの腹を裂いて皮を剥き、身を海水でさっと洗って「これがまた旨いんだ」と平然としているのに驚かされた。猛毒のクサフグも身には毒がない。

親や仲間からフグの食べ方を教わり、その後幾度も食べているのであろう。筆者は恐ろしくて真似はできないし読者にも勧めないが、海辺で暮らす人にはこんな知恵がいっぱい詰まっているのであろう。

●海藻

海藻はすべて食べられると思っていい。ただ、**サンゴモ**の仲間は石灰質を含みジャリジャリするし、**アミジグサ**や**ウルシグサ**の仲間は硫酸を含むものもある。いずれも少し噛んでみると、こりゃダメだとすぐわかる。

ウスカワカニノテ（サンゴモの仲間、日本各地）

昔から食べられてきた**オゴノリ**には死亡例がある。オゴノリを長く真水に放置すれば、プロスタグランジンという生理活性物質ができる。それが悪さをしたと考えられている。オゴノリの仲間は注意。ただし、熱を通せば問題ない。もう一つ、**クサフグ**の卵だ。クサフグは浅瀬で産卵するから、海藻に有毒な卵が付くことは十分考えられる。事故例は知らないが注意するに越したことはない。

オゴノリ（北海道〜九州）

●貝

アサリや**マテガイ**、**マガキ**、**ムラサキインコ**など大量に食べる貝でごくまれに中毒が起こる。毒をもつプランクトンを食べた貝が、毒をため込んでいるためだ。この毒は**貝毒**という言われ方をする。プランクトンが大量に発生する夏場は、こうした貝は採らない。逆にイワガキは夏が旬だ。海水浴や磯遊びで採った多種類の貝であたったという話は聞かない。貝毒情報が報道されることがある。そんなときは注意する。

貝で恐ろしいのは**アンボイナ**というイモガイの一種。奄美、沖縄に住みハブガイともいわれ、何例もの死亡例がある。イモガイの仲間は槍で魚などを刺し殺して食べる。

毒のある海の生き物

潮だまりで見つけたこの貝を手で持ってつついて遊んでいた小学 5 年生が人差し指を刺されて死んだ例もある。イモガイの仲間のニシキミナシ、タガヤサンミナシにも気を付けたい。

アサリ（北海道〜九州）

マテガイ（北海道〜九州）

マガキ（北海道〜九州）

ムラサキインコ（北海道南西部以南）

アンボイナ・鹿児島県立博物館（伊豆諸島以南）

ニシキミナシ・鹿児島県立博物館（八丈島・紀伊半島以南）

タガヤサンミナシ・鹿児島県立博物館（三宅島・紀伊半島以南）

毒のある海の生き物

●魚

魚で注意したいのは毒のある鰭に刺されること。アイゴ、ゴンズイ、ミノカサゴは釣り上げたときに要注意、酷い目に遭う。ハサミで切り落とせば問題ない。オニダルマオコゼは、奄美、沖縄の浅瀬で砂をかぶって潜んでいる。踏んだ拍子に足の裏を刺されて死亡した例がある。いずれもまず吸い出し、タンパク毒だから火傷ぎりぎりの熱湯に浸せば毒は効力をなくす。奄美、沖縄の子供は、危ないものを踏まないように靴を履いたまま海で遊んでいたものだ。

食べて危ないのはフグ類。奄美､沖縄では､バラフエダイ、バラハタなどシガテラ毒であたることがある。日本では死亡例はなく我慢すれば治る。

ミノカサゴ・大富（北海道の南部以南）

オニダルマオコゼ・宇都宮（小笠原、南西諸島）

アイゴ（下北半島以南）

ヒガンフグ（北海道〜九州）

ゴンズイ（本州中部以南）

バラハタ・大富（南日本〜南西諸島）

毒のある海の生き物

●磯の生き物

カニは大抵食べられるが、スベスベマンジュウガニ、ウモレオウギガニ、ツブヒラアシオウギガニは要注意。中毒事故は奄美、沖縄で報告され、死亡例もあるようだ。

どこの磯にも普通にいるニセクロナマコは、グロテスクだから食べる人はいないだろうが記しておく。ナマコ類はホロチュリンという毒を持つが、ニセクロナマコは特に高濃度。ナマコで唯一有毒とされる。

ガンガゼは食べられるウニだが、この棘は深く刺さり痛みが続くから注意。磯場で泳ぐとき気を付けたいのは電気クラゲの別名を持つカツオノエボシ。2 度目はアナフィラキシーショックの可能性もあるという。ヒョウモンダコは唾液にフグ毒がある。噛まれないように注意。

ガンガゼ（房総半島以南）

カツオノエボシ・宇都宮（本州太平洋岸以南）

ヒョウモンダコ・宇都宮（房総半島以南）

スベスベマンジュウガニ（房総半島以南）

ニセクロナマコ（紀伊半島以南）

獲って食べる

ヒトエグサ（アオサ）（ヒトエグサ科）一重草

Monostroma nitidum

分布：本州中部以南、四国、九州、南西諸島の潮間帯上部〜中部　直径：5〜10cm

ヒトエグサ（2011.1.29 日置市）

一般にアオサと呼んで、春先に磯を緑色に埋めつくすのは本種である。沖縄ではアーサと呼ぶ。ヒトエグサ（一重草）という和名は、細胞が平面に１層並ぶことに由来する。アオサ類の他の種はたいてい２層からなり、かたくて食べにくいが、本種はやわらかいので昔から食用にされてきた。全ての海藻にヨウ素が含まれる。たくさん食べていれば、原発事故があっても甲状腺がんを防ぐヨウ素剤など飲む必要はない。

南西諸島では１月から磯は緑で覆われる。本土では２月から４月にかけてである。５月は時期遅れとなる。子供でも簡単に採れるので、家族連れでの磯遊びのターゲットに持ってこいである。ただし、子供はやがて飽きてタイドプール（潮だまり）の生き物探しに移り、はたまた海の中で遊び始めるので、着替えは必需品。

【食べ方】食べておいしいのには定評がある。生の本種を吸い物や、味噌汁に入れる

びっしり生えたヒトエグサ

ヒトエグサの味噌汁

ヒトエグサの卵とじ

ヒトエグサの天ぷら

卵かけご飯に乾燥ヒトエグサ

焼きうどんに乾燥ヒトエグサ

雑炊に海苔佃煮

のは定番だ。煮過ぎると、青い色が落ちて茶色になるので、出来上がり間近に入れさっと火を通すほどでいい。卵とじにしてもいい。水と卵でといた小麦粉をからめた天ぷらは絶品である。天ぷらにしても磯の風味が強く、つい食べ過ぎてしまう。

醤油で煮れば簡単に海苔佃煮が出来る。水を切って鍋に入れ、醤油を加えて煮るだけである。ただし、焦げないようにへらで返しながら煮る。焦げそうになったら水を足す。醤油の分量は最初少なめに入れて、味見をしながら味が弱いようなら足していけばいい。ドロドロになったら完成。ご飯にのせるだけで、何杯でも食が進む。

ザルや新聞紙の上に適当な厚さに敷き、風通しの良いところに干しておくと、１週間ほどで乾燥する。これは長期間の保存がきく。梅雨時などカビが心配な時には冷蔵庫で保存する。粉にして、いろいろな料理にふりかけて食べる。粉でも風味は抜群。

下拵えの完了したヒトエグサ

先ず貝殻を探す

根ごとはぎ採る

海水を入れてもみ洗い

泥や砂で海水が濁る

【採り方】ヒトエグサ（アオサ）をおいしく食べるには、根（付着器官）に絡みついた砂や泥をいかに取り除くかがポイントとなる。適当に洗ったまま吸い物に入れて、砂ジャリジャリで思わずベーッと吐き出したという話もよく聞く。砂や泥を食べても死ぬわけではないから我慢すればいいだけの話だが、どうせ食べるならおいしいに越したことはない。ベーッとならないために、葉の部分だけを丁寧に摘み採る人もいるが、それでは量が確保できない。

海に降り立ったら、岩からはぎ採るための貝殻を探す。薄すぎたらすぐに割れるので、薄く、かつしっかりした貝殻を確保する。次に岩にへばりついているヒトエグサを、根ごとはぎ採る。平面の岩肌なら効率よくどんどん採れるから、そういった場所探しもポイントの一つ。

【下拵え】海に持参するのはボウルとザル、網しゃくし。ボウルでなくバケツでもい

貝殻の破片や石が残る

網しゃくしでヒトエグサをすくう

食べる一回分ずつ冷凍保存

ザルや新聞紙の上に敷いて干す

１週間ほどで乾燥し、保存がきく

へらで返しながら醤油で煮る

ドロドロになったら完成

簡単に出来た海苔佃煮

い。ある程度採ったら、海水を入れてもむように洗う。このもむようにというのがポイント。根が砂を抱き込んでいるから、もまなければ砂や泥は除けない。ザルに入れて、ザルの底に押しつけるようにもんでもいい。海水が濁るが、その濁りがヒトエグサの根が抱いていた泥や砂。海水を入れ替えて、2、3回もみ洗いすれば濁らなくなる。

それでも、大きめの貝殻の破片や石が残る。もみ洗いしたヒトエグサをボウルに入れてかき混ぜれば、貝殻や石は沈む。網しゃくしで、漂うヒトエグサをすくえば、きれいなヒトエグサだけになる。これで完了。海で砂や泥を除き、帰宅してから貝殻や石を除いてもいい。

【保存】完了したヒトエグサを、家族で食べる一回分ずつ袋に入れて冷凍保存。もしくは前ページでも紹介した乾燥保存。海苔佃煮も捨てがたい。春に一年分のヒトエグサをゲットできる。なんて素晴らしいんだ。

ミナミアオサ （アオサ科） 南石蓴

Ulva ohnoi

分布：本州中部以南、四国、九州、南西諸島の潮間帯中～下部　　直径：数 20 ～ 50cm

アオサ類は構造が簡単なため成長が速い。本種やアナアオサは直径が数 10cm にもなる。富栄養化した内湾でしばしば発生するグリーンタイド（緑塩）という大量のアオサ類が打ち上げられる現象では、以前はアナアオサ（*Ulva pertusa*）が主な形成種であったが、最近では本種も見られる。本種は、南方系で移入種と考えられている。

アナアオサは成長すると多数の穴があくが、本種では穴があかないので区別できる。田畑の肥料や、養殖魚介類の餌、家畜の飼料にされるが、一般的な食用種ではない。フクロフノリの多く生えている干潟で、地元の年寄りが、本種を採取していた。「海藻類で食べられないものはない。このアオサも、立派なふりかけになる。たくさん作って近所に配れば喜ばれる」と語っていた。

【採り方】死んでしばらく経つと色が抜けて白くなるので、新鮮なものを海水で洗いながら採る。

【食べ方】きれいに洗って砂を落とし、風通しのいいところで１週間ほど干す。乾燥したらミキサーにかけてふりかけにする。ミキサーが面倒なら、軽く焼いてパリパリにして新聞紙の上で手でもむ。本種のふりかけはどんな料理にも合う。色みもよく、風味も驚くほどよい。

本種によるグリーンタイド（緑塩）

洗いながら採取する年寄り

年寄りの収穫

ミナミアオサ（2013.4.12 霧島市）

新聞紙の上で干す

シラスご飯にふりかけ

ミル （ミル科） 海松

Codium fragile

分布：本州～九州の潮間帯下部～潮下帯　　長さ：10 ～ 20cm

本種は世界中に分布する。直径５㎜程の枝が規則正しく分かれる。一見、食べられそうにないが、万葉の昔から食用とされ、朝廷にも貢献された記録が残る。衣服の文様や、襖や器の図形としても用いられた。

【食べ方】きれいに洗って炙り、あるいは煮て、酢味噌などにつけて食べる。茹でたらきれいな緑色。コリコリした食感。

【保存】そのまま干すか、「さっと湯を通し、水１升、塩１合あわせ漬け置く」と色も変わらずよく保つと、古い書物にある。

ミル（2011.6.26 いちき串木野市）

ミルの吸い物

ミルの酢味噌和え

オキナワモズク（ナガマツモ科）　沖縄藻付く

Cladosiphon okamuranus

分布：南西諸島の潮下帯　　高さ：25cm

沖縄・奄美で養殖され、日本中に広く流通している。普段私たちが食べているモズクは本種である。南西諸島では（スノリ、スヌイ）と呼ばれ、古くから食べられてきた重要な海藻である。リーフに囲まれた浅瀬に生える。海の荒れた後には、海岸に流れ着いたものが簡単に拾える。

本州中部から南西諸島まで分布するモズク（*Nemacystus decipiens*）は、ホンダワラなどの藻につき、オキナワモズクより細く、ぬめりが強い。日本海で採れたモズクが「細モズク」や「絹もずく」として流通している。

【食べ方】採ってきたものをザルの上で水を流しながらもみ洗いする。洗っているうちに泡が出るが、泡が出なくなるまでよく洗う。よく水気を切って三杯酢をかけて食べる。好みに応じてキュウリを入れたり、かつお節をかけたりしてもいい。天ぷらにもいい。三杯酢で味付けしたものをご飯にのせるとおいしくいただける。

【保存】採りたてを水で洗わずにそのままオキナワモズク 1 kg に塩 200 g くらいの目安で入れ、よく混ぜておく。食べるときは、塩ワカメと同様に塩抜きするが、水で洗えば塩はすぐ取れる。長期間の保存もできる。

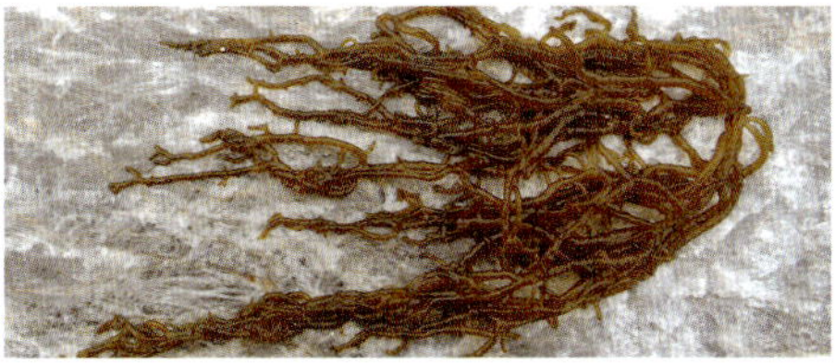
オキナワモズク（2011.3.20 本部町）

流れ着いたオキナワモズク

オキナワモズクの掻き玉丼

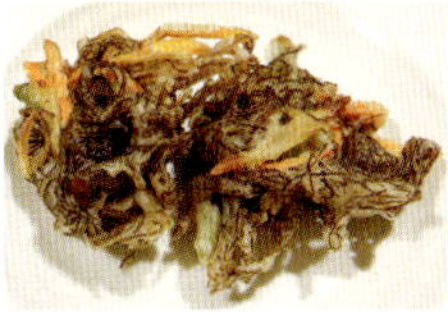
オキナワモズクのかき揚げ

オキナワモズクの酢の物

オキナワモズクの卵かけご飯

天ぷらのモズクあん掛け

ベニモズク（コナハダ科）　紅藻付く

Helminthocladia australis

分布：本州、四国、九州、南西諸島の低潮線付近～潮下帯　　高さ：15 ～ 50cm

石や岩の上に生育する。名前にモズクとつくが、モズクは褐藻類、本種は紅藻類である。体全体がモズクのようにぬるぬるするが、モズクとは関係ない。

南西諸島では、リーフに囲まれた浅瀬に生育し、海の荒れた後に根の付いた小石ごと岸に流れ着いたりする。

【食べ方】ザルの上で水を流しながらもみ洗いする。きれいになったら軽く湯通しして三杯酢であえ、あるいは酢味噌をつけて食べる、味噌汁の具にもいい。

ベニモズク（2011.2.28 奄美市笠利町）

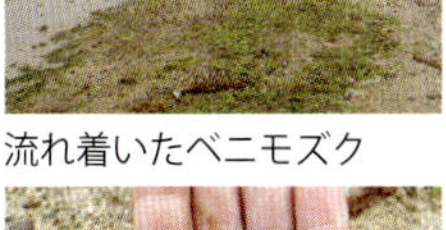
流れ着いたベニモズク

てのひらの本種はモズクのよう

イロロ（イシゲ科）

Ishige sinicola

分布：本州、四国、九州の潮間帯中部　　高さ：5 ～ 15cm

イロロ（2013.4.12 鹿児島市）

イロロ

キビナゴの刺身のつま

イロロの野菜サラダ

イロロのポテトサラダ

イロロの味噌汁

春先、日当たりのいい岩にイシゲとともに群生する。基部は細く、うすくて平たい葉状部が規則正しく枝分かれする。潮が引いて乾くと縮れて、色も黒くなる。潮が満ちて海水に浸かると元に戻る。

写真の場所では、ヒジキが繁茂していた。マツノリも生育していた。葉状部を手にして引っ張ると、簡単に採れる。名前は志摩地方の方言に由来するといわれる。ということは、かの地では古くから利用していたことになる。大分県では、乾燥させたものが販売されているという。

【食べ方】 さっと湯を通すと緑色になる。そのままではややかたい。小さく刻めば食べやすくなる。刺身のつまや味噌汁の具にいい。サラダの材料にもなる。洗ったものを唐揚げにして食べる地域もある。天ぷらや唐揚げにすると、かたさは気にならなくなる。

カヤモドキ（カヤモノリ科）萱擬

Scytosiphon canaliculatus

分布：北海道、本州、四国、九州の潮間帯中部　長さ：10 ～ 30cm　幅５㎜前後

カヤモドキ（2011.2.19 阿久根市）

カヤモドキ

カヤモドキの酢の物

カヤモドキのおひたし

カヤモドキの吸い物

カヤモドキの味噌汁

冬から春にかけて、岩にしばしば大きな群落を作る。体は細長い円筒状。近縁のカヤモノリ（*Scytosiphon lomentaria*）は規則的なくびれがあるが、本種にはくびれはない。体には内部に空気が入っており、潮が満ちて水中に没したときは、その空気によって直立する。カヤモノリ類には他にいくつもの種があるが、食べる際には細かい区別は必要ない。味や色みは変わらない。岩場に大量に生えるので、採取は簡単である。干しておけば保存がきく。

【食べ方】東海地方では、カヤモノリ類を「麦わら海苔」と呼んで、干して炙ったものをもんで、ふりかけにして食べる。もむと麦わらのようにパリパリ裂けることから名付けられた。湯通しするときれいな青色に変わるので見た目もいい。サラダやおひたしの具になる。吸い物に入れると、青がぐっと引き立つ。

ワカメ（チガイソ科）若布

Undaria pinnatifida

分布：北海道、本州、四国、九州の低潮線〜潮下帯　　高さ：50〜200cm

ワカメのジャングル（2011.3.22 鹿児島市）

　何と言っても海藻の王様はワカメ。食べてもおいしい。保存もきく。奈良時代から朝廷への献上品や税として納められていた。３月から４月の初めまでが採取の最盛期となる。

　最近ではワカメに限らず、海藻を自分で採る人は少なくなっている。そういう意味では、ワカメ採りを思いたった本書読者の独壇場となる可能性が高い。ワカメはあなたを待っている。

【採り方】先ず自分だけのワカメの穴場を探そう。３月の大潮の昼間、時間を見つけて岩場を歩いてみる。そこかしこにワカメが生えているのが見つかるだろう。防波堤に行って目を凝らすと、ホンダワラ類やヒジキとともに、ワカメも目にすることができる。ヒジキ、ワカメ、ホンダワラ類の順に深く生えるから、そのつもりで目を凝らす。

　釣り人が多い防波堤では、次の大潮の干

ワカメ

岩場のワカメ

防波堤のワカメ

海が荒れた翌日流れ着いた

カマで刈る

すぐにバケツいっぱい採れる

潮に採りに行こうと先延ばしにして、行ってみたらすっかり採られていてガッカリ、ということも、たまにはある。

一度発見した自分だけの穴場には毎年決まって生えるので、安心してワカメの季節を迎えることができる。採り方は簡単、カマで刈るだけ。あっという間に、バケツ一杯になる。

海の荒れた後の海岸も楽しみ。3、4月、外海に面した岩場のある海岸には必ずと言っていいほど、ワカメが打ち上げられている。こいつは、ホイホイと拾ってビニール袋に入れて持って帰る。何日か前に打ち上げられて、半ば乾いたものでも問題はない。打ち上げられたものが雨にぬれて塩けが抜けていたら、腐っている可能性がある。においを嗅いで、やばそうなら拾わない。もともとヌルヌルしているので、ヌルヌルは気にしない。においを嗅ぐべし。

洗ったワカメを干す

2日目

4日目

8日目

ビニール袋に入れて保存

【下拵え】内湾の波の静かなところに生育したワカメは、表面に泥などが付いているのできれいに洗い落とす。道具など使わず、手でぬぐえばすぐに落ちる。

【食べ方】新鮮なワカメは湯に通すと瞬時に青くなる。この色合いがなかなかいい。適当に切って味噌汁に入れる。自分で採ったものだから一層深い味わいがある。刺身のつまにもいい。酢であえてもいい。サラダの具やパスタの具にもなる。

真ん中に縦に太い筋（中肋）がある。この筋を茎ワカメとして食べるとコリコリとした食感が楽しめる。醤油で煮ると佃煮になる。

成長すると下部にひだ（胞子葉）ができる。ここから次の世代が生まれるのだが、これをメカブとして食べる。小さく刻めばヌルヌルした粘液が出て、また違った味わいがある。メカブの好きな人も多い。

【保存方法】洗った生のワカメを洗濯ロー

お湯に入れれば瞬時に青くなる

ワカメの味噌汁

ワカメの卵スープ

刺身のつま

ワカメパスタ

ワカメの酢の物

茎ワカメの佃煮

茎ワカメを使った鉄砲漬（千葉）

干しワカメの炙り

プなどで吊るせば、1週間ほどでパリパリに乾く。乾いたら袋に入れて保存する。一旦湯がいてから干してもいい。塩が抜けるので、乾燥が早く保存もききやすい。湿気の強い季節で心配なときは、冷蔵庫に入れる。干しワカメは、水で戻して食べる。汁ものなどには、ハサミで切ってそのまま入れてもいい。炙ってもめば粉状になる。これをふりかけにしてもいい。

塩蔵ワカメは、一度湯に通してザルに揚げ、冷ましてから多めの塩をまぶしてボールに入れておき、翌日水を切ってさらに塩を足せば出来上がり。小分けにして保存。食べるとき、間違ってそのまま味噌汁に入れてしまうと、塩辛い汁になるので注意。

ワカメは大きく成長するので、場所さえ分かれば短時間で大量の収穫が可能である。かつ食べておいしく、干したり塩にしたりで保存もきく。これを王様と呼ばずして何と呼ぼう。

ウミトラノオ（ホンダワラ科） 海虎の尾

Sargassum thunbergii

分布：日本各地の潮間帯中～下部　高さ：30 ～ 100cm

ウミトラノオ。主枝に側枝が出るタイプ。タイドプール（潮だまり）にいくつもの房がしな垂れかかっていたら、そこはエビの棲み家（2011.4.18 日置市）

主枝にびっしりと小さな葉や気泡が付き、ふさふさした形が虎の尾に見えるとして名付けられた。実際にトラの尾は見たことはないのだが、海藻の中では一番それらしいことは分かる。覚えやすくていい。大きく育ち１mほどにもなる。

下部から主枝だけ伸びていくタイプと、主枝に側枝が出るタイプの２種類がある。ホンダワラ類は、大潮の干潮でも干上がらない潮下帯に生えるものが多いが、珍しく本種は潮間帯に生育する。

タイドプール（潮だまり）にいくつもの房がしな垂れかかっていたら、いかにもエビの棲み家である。目の小さなザルを房の脇に置き、わさわさと追い出すと、案の定大量のイソスジエビがゲットできた。この技を子供の前で披露すると、一挙に親の株も上がる。もちろんザルでなく、水辺遊び用の網でもいい。別項で紹介するが、このエビはそのまま食べてもいい。プリッとし

下部から主枝だけ伸びていくタイプ

主枝に側枝が出るタイプ

エビをゲット

ウミトラノオの吸い物

ウミトラノオのサラダ

ウミトラノオご飯

て、得も言われぬ微かなエビの風味がする。子供は大喜び、何匹でも食べる。

ちなみに、大分のある鯛釣り漁師は、他の漁師が不漁のときも、ウミトラノオを疑似餌にしていつも大漁だったという。

【採り方】カマで刈るだけで簡単に収穫できる。本種はしばしば群生しているので大量に採ることができる。

【食べ方】湯通しすればさっときれいな緑色になる。この鮮やかさが刺身のつまにすればよく映える。多少パサつく感じが気になれば、炒めたらいい。本種は通年見ることができるが、やはり春先に採りたい。ヒジキと比べたら、本種以上に各地で群生するヒジキに採取のしやすさや味の面で軍配が上がるが、ヒジキのないところにも本種は生育しているので、いろいろ工夫して楽しみたい。食材としては知られざる海藻ではあるが、可能性を感じさせる。

ヒジキ （ホンダワラ科） 鹿尾菜

Sargassum fusiforme

分布：北海道南部〜九州の潮間帯下部　　高さ：30 〜 100cm

びっしりと生えたヒジキ。大潮の干潮に姿を現す（2011.4.9 鹿児島市）

最初のうちは、ヒジキ、ウミトラノオ、その他のホンダワラの仲間との区別は難しいかもしれないが、これらはいずれも食べられるので、安心してチャレンジしてほしい。手にするうちに、やがて細かな種の区別が出来るようになる。

本種は、若いうちは、幅広く鋸歯のある葉がつくが、成長するとなくなる。主枝から、こん棒状の枝が出て、気泡を持つものも多い。全体が褐色で、普段見慣れた黒いヒジキは乾燥させたもの。

ワカメを「海藻の王様」と紹介したが、ヒジキはそれと並ぶ「海藻の女王」と名付けよう。ついでに言えばヒトエグサ（アオサ）は、「海藻の皇太子」といったところか。このランク付けの基準は、第一に大量に生育していること、第二に、採取が簡単で子供でも採れること、第三に、おいしいこと、である。

なるほど、この３種とも奈良、平安の昔

海の中のヒジキ

若いヒジキのおひたし

刺身のつま

ヒジキご飯

ヒジキの味噌汁

ヒジキの炊き込みご飯

ヒジキの炒り煮

ヒジキのサラダ

ヒジキの炒り豆腐

から利用されてきた。朝廷への献上品や税、海辺の民と山の民との交易の品となった。ずっと昔から、この日本の沿岸を豊かに彩り、人々はその恩恵に浴していた。飢饉に備えて、俵に詰めて大量に備蓄していたともいう。

お金で海藻を買う時代になると人と海の関係は絶たれ、いつしか海は、埋め立てやバイパス道路、護岸などで壊されていった。それでも、鹿児島では春先になると残された海岸を、ヒジキが埋め尽くす。

【食べ方】生のヒジキはアクが強いのでそのままでは食べられない。湯に通せばきれいな緑になる。おひたしや刺身のつま、ご飯にのせてもいい。味噌汁もいいが、茹でる時間が長ければ茶色になる。乾燥品は、戻して使う。炊き込みご飯、炒り煮、サラダにも使える。豆腐と一緒に炒ってもいい。小枝を除いた主枝を長ヒジキという。適当に切って食べる。

茹で上がったヒジキを新聞紙に広げる

【採り方】 ヒジキは潮間帯の下部に生育するから、いつでも干潮なら採れるというわけではない。大潮の干潮の時間を新聞などで前もって調べていく。

カマで根っこのところから刈っていけば、ものの５分でバケツ一杯になる。

注意しなければならないのは、地域での利用状況である。ＰＴＡが収穫して、学校の運営資金の足しにしたり、漁業権が設定されていて地域の人が漁協に出荷したりすることがある。こうしたところで、大きなビニール袋に目いっぱい詰め込んで持ち帰ろうとすれば怒られる。下手をすれば密漁で警察の厄介になる。たくさん採ろうと思うなら、まず漁協に確認しよう。

【下拵え】 お湯で茹でて利用するので、ザブザブと簡単に洗う程度でいい。

【保存方法】 茹でてから新聞紙などに広げて干す。パリパリに乾燥したらビニール袋に入れて保存する。冷凍庫に入れておけば、

若いヒジキ。鋸歯の付いた葉がある

成長したヒジキ。こん棒状の小枝が多い

ヒジキをゲット

すぐにバケツ一杯採れる

簡単に洗って下拵え

ヒジキを大きめの鍋で茹でる

2日目には小さく縮み始める

4日目、大分乾燥してきた

7日目、袋に入れて保存

永久にもつ。

主枝の下をつかんで小枝（こん棒状の葉のような部分）をしごけば、小枝だけが簡単に取れる。主枝と小枝を分けて干しておけば、あとで料理するときに手間が省ける。小枝は包丁を使う必要がないから、煮るときは乾燥したまま放りこめる。主枝は水で戻してから、適当に切ることになる。

ものの本には、8時間くらい茹でるなんていうのもある。長期間保存できるように、徹底的に塩を抜くためだろう。ワカメもそうだが、海で採ったものを、海水が付いたまま干すのが手っとり早い。だが、これでは乾燥しても多くの塩けを含むので、空気中の湿気を集め、色が変わってダメになりやすい。不安なら冷蔵庫で保存する。

干し上がったら、意外なほど小さく縮んでしまう。こういうことになるのなら、もっとたくさん採ればよかったと、たいてい後悔する。

ヨレモクモドキ（ホンダワラ科） 撚れ藻屑擬

Sargassum yamamotoi

分布：本州中部太平洋岸～九州の潮下帯　　高さ：100 ～ 200cm

海岸に流れ着いたヨレモクモドキ（2011.1.29 薩摩川内市）

ヨレモクモドキ先端部

洗って下拵え

茹でる

新聞紙に広げて干す

袋に入れて保存

ヨレモクモドキの味噌汁

ヨレモクモドキピザトースト

ヨレモクモドキの野菜炒め

ヨレモクモドキのまぜご飯

ヨレモクモドキの天ぷらも絶品

　１ｍ～２ｍに生育し藻場を形成する。海が荒れると岩からはがれ、海岸に流れ着く。こんなホンダワラの仲間はみんな食べることができる。昔から食べていた。大量に打ち上げられると、田畑の肥料にした。

　海を漂うホンダワラ類にはブリの子供（藻じゃこ）が付くことが知られる。広い海原で身を隠す知恵がそうさせるのだろう。流れ藻にはカニなどもすんでいるから腹を満たすこともできる。だが、漁師はこの流れ藻を目安に網を入れ、養殖ブリの子として獲る。人間に捕まったブリの子は、災難というほかない。

【採り方】海が荒れた翌日に行って、新鮮なものを手にしたい。何日か経つと腐ってしまう。いやな匂いがしたら諦める。

【食べ方】湯に通してから食べる。汁やピザトースト、野菜炒め、何にでもあう。

【保存方法】洗ってお湯で茹でたものを乾かし、袋に入れておく。

コブクロモク（ホンダワラ科） こぶくろ藻屑

Sargassum crispifolium

分布：本州中部～九州の潮下帯上部　　高さ：30 ～ 60cm

コブクロモク（2010.7.3 鹿児島市）

生育するコブクロモク

長さは 60cm

茹でて新聞紙に広げて干す

コブクロモクのきんぴら炒め

コブクロモクの酢の物

コブクロモクの大豆サラダ

コブクロモクの味噌汁

本種は波の弱い内湾に多い。ヒジキより一段下に生えていた。鹿児島湾では、毎年3月から5月にかけて、海岸線と平行に3mほどの幅で、およそ10 kmにわたって続く本種を含むホンダワラ類の林を見ることができる。

この藻場には、小魚やエビ、カニが集まるのだろう。餌を付けた釣り針を近くに放り込むと、面白いようにカサゴが釣れる。だから、釣りに行けば、魚と同時に釣り糸に絡んだホンダワラ類が釣れる。

【採り方】釣り糸に絡んで採れる。ないしは干潮時に棒で引っ掛けて採る。

【食べ方】見た目は一見かたそうだが、湯に通せばしんなりなる。ヒジキや昆布のように煮物やつくだ煮など用途は広い。汁や酢の物、炒めてもいいし、サラダにもいい。

【保存方法】洗ってお湯で茹でたものを乾かし、袋に入れておく。

フクロフノリ（フノリ科） 袋布海苔

Gloiopeltis furcata

分布：日本各地の高潮線～潮間帯上部　　高さ：15cm

フクロフノリ（2011.2.19 阿久根市）

フクロフノリ

乾燥すると黒くなる

そのまま広げて干す

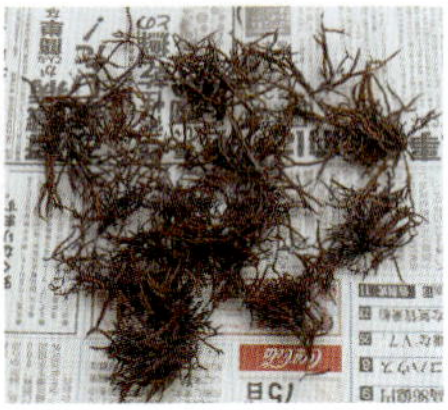

1週間で乾燥する

フノリも奈良、平安の昔から食べられてきた重要な海藻である。フノリの仲間には、マフノリ、フクロフノリ、ハナフノリがある。本種は体が中空である。マフノリは本種に似るが体が詰まっていて（中実）やや小型。両種とも干したものがフノリとして流通しているが、本種が多い。

食用のほか、煮ると糊ができるところから、織物の糊付け、陶磁器用絵具糊、漆喰の糊料として、昔から利用されてきた。シャンプーの出回る前は、洗髪剤として煮出した汁が使われてきた。

漢方では、胆のうや腎臓の結石を強力に溶かす特効薬とされてきた。石を持ちやすい人には、対症療法として、あるいは予防的に食されてきた。そのような体質の人にプレゼントすれば、たいそう喜ばれる。

【採り方】しばしば群生する。穴場を確保すれば、毎年同じ時期（２～４月）に出会うことができる。ただただむしり採るだけ、

冷蔵庫で保管する

フクロフノリの味噌汁

フクロフノリの吸い物

フノリ炊

フクロフノリのつくだ煮

フクロフノリの天ぷら

フクロフノリの酢の物

30分でバケツ一杯、家族の一年分になる。根（付着部）がしっかり岩に張り付いているので、軟らかめの岩なら、岩ごと採れてしまう。洗ってもはずれないので、採るときに注意する。本種も漁業権が設定されている場合があるので、そこは避ける。

【食べ方】 生でも乾燥品でも、味噌汁に一つまみ入れると、とろみが出て他にはない味わいが楽しめる。水を入れて煮詰めていくと姿が崩れてドロドロになる。型に入れて冷やせば寒天状に固まる（フノリ炊）。切って酢味噌で食べれば特有の風味がある。天ぷらにすると、しこしこした歯触りになる。そのほか何の具にしてもいい。

【保存方法】 流水で砂を落として、そのまま新聞紙などに広げて干す。ワカメやヒジキは茹でてから干すが、フノリはそのままがいい。茹でると糊の成分が抜けてしまうからもったいない。塩けを含むので冷蔵庫保管がいい。

フサノリ（ガラガラ科）　房海苔

Scinaia japonica

分布：北海道西部〜九州、南西諸島の潮下帯　　高さ：10 〜 20cm　太さ 2 〜 3㎜

潮下帯の海底に半球状に生育する。ニセフサノリに似るが、本種は枝が太く、色が薄く、やわらかい。

【採り方】冬から春にかけて海底に生える。寒い時期だから海に入るのはつらい。海の荒れた日に岩からはがれたものを、海岸で拾う。

【食べ方】茹でたあと、適当に切って酢味噌や酢醤油で食べる。

フサノリ（2011.2.28 奄美市笠利町）

海岸に流れ着いた

カタオバクサ（テングサ科）

Pterocladiella capillacea

分布：北海道を除く日本各地の低潮線付近〜潮下帯　　高さ：10 〜 15cm　枝の幅 1 〜 2㎜

マクサなどと同じテングサの仲間で寒天の原料となる。寒天は江戸初期に発明された食べ物。ところてんを戸外に置きっぱなしにしていたら昼夜の寒暖の差で水分が抜け、寒天になっていたという。

本種は以前、オバクサと同一の種とされていた。本種の方が枝が密に生える。

【食べ方】採ってきたテングサ類を、ゴミを除いて天日で干す。乾燥したものを煮溶かす。布でこして型に入れて冷やすと固まる。押し出す器具がなかったら、適当に切ってところてんとして食べる。

カタオバクサ（2011.7.30 日置市）

タイドプールに生えていた

ホシガタイバラ（イバラノリ科）

Hypnea cornuta

分布：本州中南部、四国、九州、南西諸島の低潮線付近　　高さ：5 〜 20cm

イバラノリの仲間は、主枝から小枝が出て、枝にはノイバラのように棘がある。日本本土ではイギス、沖縄ではモーイと呼ばれ、食べられてきた。

【採り方】大潮の干潮に採れないことはないが、海が荒れたあと海岸に打ち上げられたものを拾う。他の海藻に絡んでいる場合が多く、ほぐすのに手間がかかる。手間の割に少量しか採れないので「貧乏草」という所もある。

【食べ方】簡単に煮溶けるので型に入れて冷やして食べる。

ホシガタイバラ（2011.3.20 本部町）

海岸に流れ着いた

ムカデノリ （ムカデノリ科） 百足海苔

Grateloupia asiatica

分布：北海道〜九州の潮間帯下部〜潮下帯　高さ：20 〜 30cm　幅 3 〜 5㎜

ムカデノリ（2011.3.22 鹿児島市）

左右のムカデノリ雰囲気が違う

湯通しすると何の具にも

ウインナーと水菜のパスタ

ムカデノリの味噌汁

トサカノリと並んで料理屋では刺身のつまとして使われる。赤い色が湯を通すとさっと緑色に変わる。

幅広い主枝から細い小枝がいくつも伸びるので百足そっくり。有り難くはないだろうが、人間には覚えやすい。同じムカデノリでも、形に変異が多い。手触りはヌルヌルしている。煮出した糊状の液は、以前は、フノリ同様に織物の糊として利用されていた。

【採り方】 岩に張り付いているから手で引きはがして採る。

【下拵え】 波静かな内湾のものは泥を付けていることがあるので、流水で洗う。

【食べ方】 そのままでも食べられないことはないが、いったん茹でたほうが落ち着く。刺身のつまや海藻サラダでよく見かけるが、味噌汁やパスタ、何にでも合う。よく煮ると溶けるので、型に入れて冷やせば、コンニャクのように食べられる。

ヒロハムカデノリ （ムカデノリ科）

Grateloupia subpectinata

分布：北海道～九州の潮間帯下部～潮下帯　　高さ：20～30cm　幅3～8㎜

ヒロハムカデノリ（2011.2.19 阿久根市）

ヒロハムカデノリ

湯通しすると何の具にも

ヒロハムカデノリの味噌汁

ヒロハムカデノリパスタ

刺身のつま

ヒロハムカデノリの海藻サラダ

ヒロハムカデノリの酢の物

本種とムカデノリはよく似ている。本種の方が、主枝の幅が広く、ムカデの足に当たる部分の間隔が広いが、専門家でも区別は難しい。もともと両種は区別されておらず、最近になって顕微鏡レベルの研究によって分けられた。

実際に食べたヒロハムカデノリは、外洋に面したタイドプールで採った。ムカデノリは波の静かなところでよく見かけた。両種とも刺身のつまや海藻サラダの具として利用されるが、本種の方が、身がしっかりしている分、シャキシャキした歯ごたえがおいしい。かたいわけではなく、噛めばプチッとはじける感じである。この歯ごたえの違いは、種の違いというよりも、生息環境の差から出ているのかも。

【食べ方】 湯通しすればぱっと緑に変わる。長く茹でる必要はなく、軽く湯に通すだけで十分。茹でるほどシャキシャキ感が消える。何にでも合う。味と歯触りでは一級品。

ヒヂリメン（ムカデノリ科） 緋縮緬

Grateloupia sparsa

分布：本州中部〜九州の潮間帯下部　高さ：30 〜 40cm　幅 10cm

ヒヂリメン（2011.3.22 鹿児島市）

ヒヂリメン

湯通しすると何の具にも

ベーコンスープ

ヒヂリメンの味噌汁

ヒヂリメンの酢の物

ヒヂリメンの海藻サラダ

刺身のつま

成長すると表面に縮緬のような細かいしわがよるところから名付けられた。

大潮の干潮のとき波静かな内湾に、ミゾオゴノリ、ムカデノリ、シラモ、ベニスナゴ、フシツナギなどと混じって生育していた。外洋に面した磯には多くの種が混在することはないが、少し濁りのある波穏やかな環境は、ちょうど波静かな河口干潟で底生生物の種の多様性が保障されているように、様々な種の海藻にとって居心地がいいのかもしれない。

干上がって黄色くなっていたが、少しぬらすと表面はヌルヌルしてワカメのような感触となる。

【採り方】岩から引きちぎる。

【食べ方】適当に切って茹でる。火を通すと緑色になり、ワカメに近い食感だが、プリプリ感はヒヂリメンが上。汁ものもいいが、酢の物、サラダもいい。

マツノリ （ムカデノリ科） 松海苔

Polyopes affinis

分布：北海道～九州の潮間帯下部　　高さ：5～10cm

マツノリ（2014.4.12 鹿児島市）

遠くからは目立たない

マツノリ

マツノリの酢の物

刺身のつま

マツノリの海藻サラダ

マツノリの味噌汁

ヒジキやイロロなどと同じ所に、目立つことなく生育している。岩にちょこんちょこんと点在する。

一つの房が直径5㎝くらい。いくら採っても腹の足しになりそうにない、と侮ってはいけない。茹でたら、小ぶりながらプリプリした食感が、他のどの海藻にもない独特の味わいを放つ。各地で大量に採れて保存のきくワカメ、ヒジキ、アオサなどと違って、春先の幸運な日だけに味わえるキラ星のような海藻である。コメノリやサクラノリと似るが、本種は下部の枝が円柱状で細い。

【採り方】 一つの房ごと手でむしりとる。

【食べ方】 さっと茹でて三杯酢で味わう。たくさん食べる性質のものではなく、ゆっくり味わいながら食べたい一品。どんな料理にも合うが、歯触り舌触りを大切にしたいので単品で頂くのがいい。保存できないこともないが新鮮なものを食べたい。

キョウノヒモ（ムカデノリ科） 経の紐

Polyopes lancifolius

分布：北海道南部～九州の潮間帯下部～潮下帯　　高さ：15～30cm　幅 1.5～4cm

キョウノヒモ（2011.4.18 日置市）

群生している海岸

茹でて干す

1 週間でカリカリに乾く

おいしそうな茹で上がり

キョウノヒモの味噌汁

キョウノヒモの酢の物

経の紐という名の通り、30㎝くらいのひも状に成長する。見るからに肉厚で、プリプリした食感が楽しめそうである。和名は江戸時代初期の文書にも出てくる。ということは、その頃から食べられていたのだろう。肉厚のところはニクムカデに似るが、本種は主枝の表面にもブツブツの棘を出す。若い頃にはブツブツはあまりない。本種は、ウミトラノオやイワガキの採れる場所に生育していた。

【採り方】岩から引きちぎる。
【食べ方】しっかり茹でて食べたい。茹でると緑色になり、いかにもおいしそうである。その見かけは裏切らない。味噌汁やサラダ、何でも合うが、主張が強いので、本種を主人公に料理を工夫したい。一口サイズに切って、酢味噌和えや三杯酢がいい。
【保存方法】茹でたものを干すと、1 週間ほどでカリカリになる。味噌汁に入れると生と同じ食感になる。

トサカマツ（ムカデノリ科） 鶏冠松

Prionitis crispata

分布：本州中部～九州の潮間帯中部　高さ：3～6cm　幅3～4㎜

トサカマツ（2014.5.1 鹿児島市）

群生している岩場

酢味噌和えは絶品

大根葉の酢の物

干し大根の酢の物

トサカマツの卵とじ

トサカマツの味噌汁

多産するヒジキの上部に丸い塊がポコポコ生えていた。一見、同じくらいの大きさで、半球状に岩に生えるマツノリと同じ印象を受ける。マツノリは先端が緑っぽく下部の枝は細いが、本種は褐色で下部の枝は幅がある。マツノリはやわらかい手ざわりだが、本種はペラペラしたセルロイドのようにかためである。

本種より少し大ぶりのよく似た種類にヒトツマツがある。

【採り方】岩から引きちぎる。

【食べ方】幾分かためなので、しっかり茹でて食べたい。または、細かく切って炒めて食べるのがいい。さっと茹でただけでは、色は変わらない。しっかり火が通ると、ほんのり緑色になる。この緑色が食べごろの印。何にしても食べられるが、やはり酢の物がいい。酢の物にしたらやわらかくなるのか、酢味噌や三杯酢で和えたら、途端に絶品となる。

ベニスナゴ（ベニスナゴ科） 紅砂子

Schizymenia dubyi

分布：北海道～九州の潮間帯下部～潮下帯の岩上　　高さ：10 ～ 30cm

ベニスナゴ（2011.3.22 鹿児島市）

ベニスナゴ

ベニスナゴの味噌汁

ベニスナゴのサラダ

ベニスナゴの酢の物

ベニスナゴの酢の物

菜の花の和え物

大根おろしの和え物

干潮時に姿を現すビラビラした円形の海藻である。短いくさび型の茎から成長する。成熟すると赤や白い点が砂をまぶしたように見える。金銀の箔を細かい粉にしたものを砂子といって、蒔絵・色紙・襖紙などの装飾に用いるが、種名のベニスナゴは、この砂子から来ている。

最近の遺伝子研究によって、いくつかの種に分けられる可能性があるというが、どうなるにしろ食べる分には影響はない。分類学者は小さく分けていくが、海藻を食べていた土地の人は似たようなものを一まとめに呼ぶ場合も多い。東北のある地域では、ツルツル、タンバノリ、フダラク、ベニスナゴといった海藻達を「赤はんば」と呼ぶ。

【採り方】 手でむしりとる。

【食べ方】 汁ものやサラダでもいいが、風味を楽しめるのは、やはり酢の物。さっと茹でて三杯酢で味わう。春の香りがさっと吹き渡る。

オゴノリ（オゴノリ科） 海髪

Gracilaria vermiculophylla

分布：北海道〜九州の潮間帯下部〜潮下帯　高さ：10 〜 50cm　太さ 1 〜 2㎜

オゴノリ（2011.2.19 阿久根市）

干潮の磯に普通にある

オゴノリ

さっと洗うだけ

オゴノリの酢の物

オゴノリのおすまし

オゴノリの味噌汁

春先の磯に、ごく普通に見ることができる。鹿児島では、なぜかナゴヤという名で古くから食べられてきた。筆者も何度も食べてきたが、本種を食べて死者が出ていると最近知った。オゴノリを真水に長く浸しておけば、プロスタグランジンという強力な作用を及ぼす生理活性物質ができる。専門家は、それでショック死したのだろうという。くれぐれも、真水に浸して置きっぱなしにしないこと。プロスタグランジンは熱で分解されるので火を通せば問題ない。

寒天や工業用の糊の原料にもなる。

【採り方】岩から引きちぎる。

【食べ方】茹でると、さっと緑色になる。よく刺身のつまにされる。酢の物もいい。コリコリとした歯触りで、文句なくAランクの海藻である。形がなくなるまで煮詰めて、型に入れて冷やすと、コンニャクのようになる。適当に包丁で切って、酢味噌や醤油で食べてもいい。

シラモ（オゴノリ科）　白藻

Gracilaria parvispora

分布：本州中部〜九州、南西諸島の潮下帯　　高さ：15 〜 30cm　太さ 2 〜 3.5㎜

シラモ（2011.3.22 鹿児島市）

シラモ

収穫

刺身のつま

シラモと冷ややっこ

シラモの味噌汁

シラモの卵とじ

オゴノリに似るが、枝の付け根がくびれない。オゴノリは少しくびれる。また太さが違う。手ざわりがポリポリした印象を受ける。本種もオゴノリの仲間だから、水につけ置くとプロスタグランジンができる。生食はやめた方がいい。

各地で昔から食べられてきた。大量に採れるわけではないが、季節の彩りを添える貴重な一品といえる。寒天の原料としても利用されている。

【採り方】岩から引きちぎる。

【食べ方】茹でると、緑色になる。煮過ぎるとヌルヌルした感じになる。もっと煮詰めて、型に入れて冷やすと、コンニャクのようになる。切って酢味噌で食べるのがいい。さっと茹でたものは、刺身のつま、酢の物、味噌汁の具、なんでもいい。オゴノリよりもコリコリ感で劣るが、あっさりした風味が楽しめる。

フシツナギ（フシツナギ科）　節繋

Lomentaria catenata

分布：北海道南部〜九州の潮間帯下部〜潮下帯　　高さ：5〜20cm　太さ1〜2㎜

海のスギナと名付けよう。体は赤いが、節のある体がまるでスギナのよう。干潮時に姿を現す。ヒジリメン、シラモ、ムカデノリなどと同じ波静かな内湾に生えるが、独特の形にはある種の存在感がある。

体は1㎜と細い円柱状で、対生に枝を出し、規則的に節をつないだように見える。枝の先端は丸みを帯び、体は節の部分を除いて中空。手ざわりはややかたくて、ピンピンした感じがある。

食べられてきたという話は聞かないが、あっさりして食べられないことはない。

【採り方】岩から房ごと引きちぎる。

【食べ方】茹でると緑色になる。パスタや汁の具、酢の物、なんにでも合うが、やや風味に乏しい。

フシツナギ（2011.3.22 鹿児島市）

フシツナギ

茹でたら緑色に

フシツナギのパスタ

フシツナギの吸い物

コメノリ（ムカデノリ科）　米海苔

Polyopes prolifera

分布：北海道西部〜九州の潮間帯下部〜潮下帯　　高さ：3〜10cm　幅3〜7㎜

キョウノヒモと同じ所に生えていた。肉質でプリプリしたところが、まるでキョウノヒモの兄弟のようだ。だが、よく見ると形はまるで違う。

体は扁平で、叉状に枝分かれする。枝の基部はくさび型に細くなる。枝の先は丸まるが、プチプチとしたふくらみが付くことがある。写真には、プチプチが付いている。それを米粒に見立ててこの名が付いた。

見るからにおいしそうな体つきである。マツノリの近縁種で、マツノリ同様昔から食べられてきた。味には定評があり、季節を待ち望むファンも多い。

【採り方】岩から房ごと引きちぎる。

【食べ方】茹でると緑色になる。パスタや汁の具のほか、何にしてもおいしく味わえる。だが、やはりしっかりこの海藻を味わうには、酢の物だろう。歯ごたえ十分で、風味を兼ね備えた第一級の海藻であることを実感できるはず。

コメノリ（2011.4.18 日置市）

コメノリの生えていた磯

ミゾオゴノリ（オゴノリ科）溝海髪

Gracilaria incurvata

分布：本州中部～九州の潮間帯下部～潮下帯　高さ：6～20cm　幅 5～15㎜

ミゾオゴノリ（2011.3.22 鹿児島市）

ミゾオゴノリ

成長したミゾオゴノリ

成長したミゾオゴノリ

茹でたら緑色に

ミゾオゴノリの吸い物

ミゾオゴノリのパスタ

ミゾオゴノリのオムレツ

オゴノリの仲間。タイドプールや内湾の波静かな岸辺に普通に見られる。茶色のワサワサしたさまは、色こそ違え、なんだか小ぶりのサニーレタスのようだ。

ごく小さい円柱状の基部から、扁平な枝が、叉状に枝分かれして扇状に広がっていく。枝はねじれたり、両端が丸まり溝を作るような感じになったりする。そこからこの名前が付いた。枝の先は鈍円。全体としては半球状になる。

ヌルっとした手触りがあるが、枝はややかたく、折り曲げるとパリパリ折れる。茹でたらやわらかくなる。

【採り方】 岩から房ごと引きちぎる。

【食べ方】 茹でると、さっと緑色になる。パスタや汁の具、オムレツにしてもいい。酢の物もいける。成長したものはワカメのような雰囲気だが、ワカメよりはしっかりした歯ごたえがある。

ヒザラガイ （クサズリガイ科） 火皿貝

Acanthopleura japonica

分布：北海道南部以南の潮間帯中〜下部　　体長：7cm

ヒザラガイ（2010.5.29 日置市）

ドライバーで採る

ダンゴ虫のように丸まる

木の板を押しつけてしごく

潮間帯の岩礁によく見られる。夜行性で、昼間はじっとしている。奄美地方では、グジマと呼んで食されている。奄美大島以南には、へりに強い棘をもち殻板に扁平な顆粒が並んだオニヒザラガイ（*Acanthopleura gemmata*　体長 7cm）が入れ替わって生息している。

【採り方】ピッタリと岩のくぼみに張り付いているので、ドライバーが必需品。先をあてて、力を加えたらはがれる。

【食べ方】がっしりした8枚の殻が気になるが、塩茹でしたあと、まな板の上に並べ木の鍋ふたなどで押しつけて、ゴリゴリ動かせば簡単に殻は取れる。殻の下の内臓、へりの棘も取り、きれいに洗えば下拵えは終わり。味噌漬けは、さらにいったん軽くあぶって水気をとり、味噌に漬け込む。油で炒め、醤油とみりんで味を調え、おいしくいただくこともできる。腹部の赤い部分だけをドライバーやナイフで取り出して、生のまま刺身でいただいてもいい。

内臓、へりの棘をとって下拵え

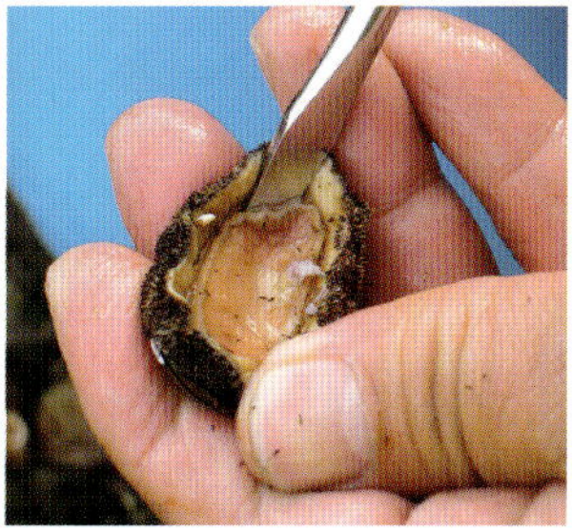
赤い部分だけをとる

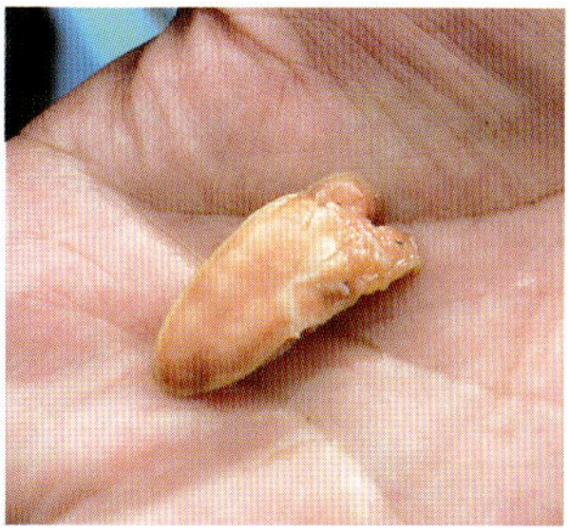
刺身でいただける

ヒザラガイの油炒め

ヒザラガイ塩茹での細切り

オニヒザラガイ

ケハダヒザラガイ （ケハダヒザラガイ科）　毛膚火皿貝

Acanthochitona defilippii

分布：房総半島以南の潮間帯中～下部　体長：6cm

岩礁地帯の転石の下にいる。丸に近い楕円形。へりには棘がない。ヒザラガイより、出会う頻度はかなり少ない。

【採り方】岩に張り付いているので、ドライバーで落とす。

【食べ方】へりに棘がないので、塩茹でして、そのまま食していい。適当に殻を避けて切って、刺身風にして味わうこともできる。ヒザラガイよりずっとおいしい。ぷりぷりした食感を、ぜひ試してほしい。

ケハダヒザラガイ（2011.5.4 日置市）

ケハダヒザラガイの塩茹で

刺身風にアレンジ

マツバガイ（ヨメガガサ科） 松葉貝

Cellana nigrolineata

分布：房総半島・男鹿半島以南の潮間帯上～中部　殻長：6 ～ 8cm

マツバガイ（2010.5.29 日置市）

殻頂から同心円状に波線を描くタイプ（2010.5.15 日置市）

ドライバーで落とす

短時間で収獲できる

巻貝の一種だが平べったく、笠形の殻をもつカサガイの仲間。後で述べるオオベッコウガサに次ぐ大型のカサガイ。殻の高さも高く、それだけ身の部分も大きい。磯に行くとまず探したくなる貝だ。岩の垂直な壁や下部にじっとしている。テトラポッドにも見かける。上げ潮のとき、波のかかる岩場に無防備に姿を現すので、その時は効率的に採れる。

殻の模様は二種類ある。殻頂から放射状に赤い帯を伸ばすタイプと、殻頂から同心円状に細かな波線を描くタイプである。その中間タイプもある。いずれも、殻の内側は、中央部に赤黒い部分があり、その外側は真珠光沢を帯びて白い。

カサガイ類は、波でぬれた岩の表面の微小藻類を削り取って食べる。そのため、カサガイ類の多いところでは、大型の海藻が育ちにくい。人為的に除去すると、大型の海藻が生育した例もあるという。

酒蒸し。小さく切って味わう

塩茹で。やはり小さく切ろう

マツバガイの味噌汁

マツバガイのうどん

マツバガイのポテトサラダ

宝島以南には、一回り大きくなるオオベッコウガサ（トラフザラ）が生息している。

【採り方】 見えるところには小型のものが多い。大型のものは岩の下や岩の隙間の暗い所に隠れている。潮が満ちてくると、大型のものも波の洗う所にはい出してくる。岩に強く張り付いているので、ドライバーの先を、岩と貝の隙間に差し込み、ドライバーの背を石などでたたいて落とす。失敗すると、より強く石に張り付いて、なかなか採れなくなる。そうなれば大物でも見逃すことになり、歯がゆい思いをする。

【食べ方】 塩茹でしてそのままでいただける。酒蒸し、バター焼き、炊き込みご飯の具にしてもいい。生のまま刺身も試してみたい。アワビのように、キモもほんのり苦味があって、なかなかいける。火を通しすぎるとかたくなり、風味も落ちるので、レアを心がけた方がいい。

オオベッコウガサ（ヨメガガサ科） 大鼈甲笠

Cellana testudinaria

分布：宝島以南の潮間帯中〜下部　殻長：6 〜 9cm

オオベッコウガサ（2014.8.21 奄美市）

リーフ内の岸に近い岩場に多い

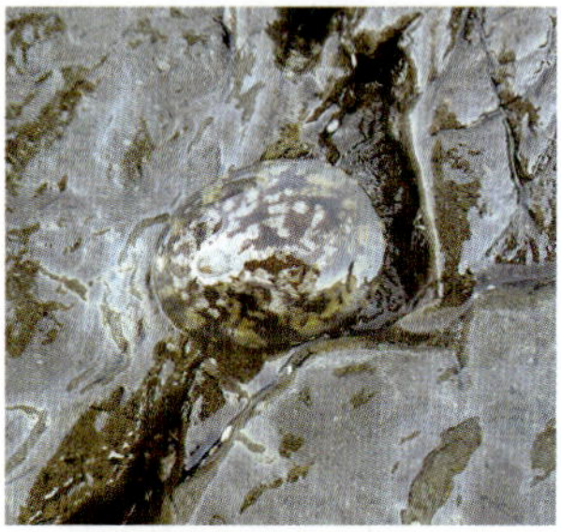
引き潮で降りてくるオオベッコウガサ

オオベッコウガサの網焼き

オオベッコウガサの塩茹で

オオベッコウガサの吸い物

日本本土のマツバガイが、トカラ列島の宝島以南では本種に置き換わる。奄美、沖縄でみかけるカサガイでは、もちろん最大で、なおかつ個体数も多く、磯遊びの格好のターゲットになる。べっ甲模様が美しく、食べるのがもったいないほど。

【採り方】干潮時に陸上に取り残される岩についている本種は、潮が引くとき、最後まで波に洗われる位置に降りてくる。そのほか、岩の隙間に張り付いている。マイナスドライバーを貝と岩の隙間に差し込み、ドライバーの背を叩けば、剥がれてくる。目が慣れれば、簡単に見つけられる。

【食べ方】網に並べて焼き、醤油を垂らせば絶品。塩茹でしてそのままでいただける。茹でたら身が離れるので、その身を酒蒸し、バター焼き、炊き込みご飯の具にしてもいい。茹でた身を醤油で煮込んで佃煮にすれば、いつまでも保存がきく。酒のつまみにいい。

ベッコウガサ （ヨメガガサ科） 鼈甲笠

Cellana grata

分布：北海道南部～奄美諸島の潮間帯上部　殻長：3.5 ～ 6cm

ベッコウガサ（2014.8.21 奄美市）

干上がった岩の上部にいた

ベッコウガサ

ベッコウガサ

ベッコウガサの塩茹で

ベッコウガサの吸い物

ベッコウガサの貝ご飯

潮の引いた岩でも上部に取り残されたように張り付いている。干潮でも、波の当たる辺りをつい探しがちだが、そうしているうちは、本種にお目にかかることはない。背が高く、殻表には強い放射肋が目立つが、この肋は、きれいな肋であったり、とぎれとぎれであったり、所によって同じ種類とは思えないほど変異が大きい。透かしてみるとべっ甲模様が見える。

【採り方】干潮時に、真っ先に干上がるような岩の上部を探す。一つ見つかればその周辺に何個もいる。マイナスドライバーで、岩から剥ぎ取る。

【食べ方】本種は背が高い分、身も丸々としている。大きめのものは刺身がいい。塩茹でした茹で汁で、塩味を調節して吸い物にすると、出汁が利いておいしい。ほかのサラガイでも同じだが、茹で汁で貝ご飯を作ってもいい。

ヨメガガサ （ヨメガガサ科） 嫁が笠

Cellana toreuma

分布：北海道南部以南の潮間帯上～中部　　殻長：4 ～ 6cm

ヨメガガサ（2010.5.15 日置市）

岩に張り付いている

ドライバーで落とす

表面

裏面

カサガイの仲間で、磯に行けば最も普通に見られる種。大物を採った達成感はないが、数を採るにはもってこいである。採り方は簡単。しかも味には太鼓判が押せる。

殻は扁平な傘状で、下ぶくれの楕円形。殻高は数ミリで、カサガイの仲間ではもっとも扁平。殻頂から放射肋が伸びる。

地域によってはヨメガサラともいう。浅い皿で嫁にはたくさん食べさせないという嫁いびりに由来するとも。

海の生き物はみんなそうなのだが、採りすぎに注意。本種の寿命は１、２年だが、前種マツバガイの大物になると 10 年～ 20 年生きている。長老には敬意を表すべきではなかろうか。

最近こそ磯に採りに行く人が少なくなって、貝の数も多いのだが、大人数のグループで出向けば話は別。調子に乗って根こそぎ採ると、すぐにいなくなってしまう。家族や友人の少人数で、毎年決まった季節に

ヨメガガサの網焼き

短時間で収獲できる

ヨメガガサの塩茹で

塩茹での一品

ヨメガガサの味噌汁

青野菜の味噌和え

訪れる磯を決め、毎年同じようにいつもの貝と出会う。こんな磯遊びを心がけたい。

本種は、貝の内側の真珠光沢が美しく、食べた後の貝殻も、とっておきたくなる。

【採り方】 殻高は数ミリしかないが、身がその割には大きいので、岩肌に張り付いても、殻と岩の間には隙間ができる。そこにドライバーを差し込んで、少し力を加えれば簡単に剥がれる。失敗しても、マツバガイのように強く張り付くことはない。

採った貝は、海水をクーラーに入れて、生かしたまま持ち帰りたい。

【食べ方】 網の上に身を上にして並べ、醤油をたらしながら焼き上げてみよう。キモの苦味もあってなかなかいける。もちろん、貝を生かして持ってきた海水で塩茹でしてもいい。塩茹でした身をとり、サラダや味噌和え、おひたしに加えてもいい。味噌汁は、この貝独特の出汁が出て、絶品である。

ウノアシ （ユキノカサ科） 鵜の足

Patelloida saccharina

分布：男鹿半島、房総半島以南の潮間帯上部　　殻長：3.5cm

ウノアシ（2011.4.9 鹿児島市）

白くて目立つ

ドライバーで落とす

ウノアシの塩茹で

塩茹での一品

ご飯にのせて

カサガイの仲間で、普通に見られる一種。7～10本の強い肋が殻縁に突き出る。肋の部分は白いものが多い。遠目からでも白くて目立つが、ピタッと岩に張り付いているから、外敵から身を守れるのだろう。和名のウノアシは「鵜の足」から。

本種の特徴は家に帰ることである。潮が満ちてきて、岩が濡れはじめると動き出して、微小の藻類を食べる。潮が引くと、元の場所に帰る。かといって、そんなに遠出するわけではなく、せいぜい10～20cm。

殻の内側は白い光沢があり、なかなかの一品である。食べた後、持っていたくなる。

【採り方】かなり強く張り付いているので、ドライバーで落とす時に殻が傷つきやすいが、食べるためなら気にすることはない。

【食べ方】小さいので塩茹でがいいだろう。意外と身が大きく食べがいがある。塩茹でした身を、ご飯に混ぜ合わせたり、酢の物や味噌和えの具に使ってもいい。

コウダカカラマツ （カラマツガイ科） 甲高唐松

Siphonaria laciniosa

分布：屋久島以南の潮間帯上部　殻長：2.5cm　殻高 1.7 cm

コウダカカラマツ（2010.7.17 奄美市）

岩の上に家を持つ

ドライバーで落として収獲

コウダカカラマツのゴーヤと卵とじ

コウダカカラマツのおむすび

南西諸島で、本土のウノアシのように普通に、岩の上に見られるカサガイである。名前の通り殻高が高い。強い肋が殻縁に伸びるが、肋の間にも弱い肋が伸びている。ウノアシと印象は似るが、一回り小ぶりで倍ほどの肋の数である。同じ形状のヨメガガサ科やユキノカサ科と異なり、この仲間はカタツムリやナメクジと同様、肺呼吸をする（有肺類）。

本種も、ウノアシと同じく家に戻る性質を持つ。食事に出かけていても、潮が上がり、岩が完全に水没する前に家に帰る。

【採り方】 ほかのカサガイの仲間と同様、ドライバーで落とす。

【食べ方】 塩茹でする。殻が高い分だけ意外と身が大きい。塩茹でした身を、ご飯に混ぜ合わせたり、酢の物や味噌和えの具に使ってもいい。ゴーヤとの卵とじも、なかなか捨てがたい料理法であることを発見した。

オトメガサ（スカシガイ科） 乙女笠

Scutus sinensis

分布：北海道北部から九州南部の潮間帯下部　　殻長：3.8cm

オトメガサ（2011.4.18 日置市）

ドライバーで落とす

採ると殻をむき出しにする

オトメガサの塩茹で

オトメガサの味噌汁

オトメガサの卵とじ

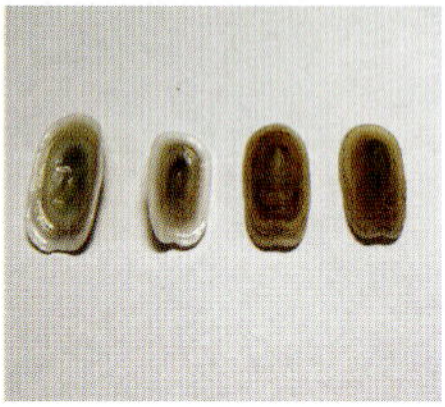

貝殻

潮間帯下部の転石の下や海藻の間に見られる。ぬめぬめとした外套膜に包まれていて、殻は頂部がのぞいている程度でほとんど見えない。外套膜の色は、白色のものと、灰褐色に黒い模様のあるものの二つのタイプがある。

通常の貝類とは全く印象が違うので、石をひっくり返してみても、その怪しげなウミウシの仲間のような姿に、戸惑う人もいるだろう。

【採り方】ドライバーで落とすが、殻は弱いので傷つけやすい。採ると、外套膜を縮めて殻が現れるが、殻はそう美しいものではない。

【食べ方】塩茹でするとカサガイの仲間と同様な出来上がりになる。カサガイ類と同様、塩茹でしたものをそのまま味わったり、味噌汁の具に、あるいは卵とじにしたりしてもいい。

イボアナゴ（ミミガイ科） 疣穴子

Haliotis (Sanhaliotis) varia

分布：伊豆大島、紀伊半島以南の潮間帯下部　殻長：8cm

イボアナゴ（2014.8.21 奄美市）

リーフの内側、ちょっと濁り気味

イボアナゴ

イボアナゴの刺身

イボアナゴの網焼き

イボアナゴの塩茹で

刺身とご飯をシソの葉で巻く

殻表の螺肋状に不規則ないぼがあるので、ほかのアワビの仲間と区別できる。孔は4～6。穴の中にいるからアナゴだ。潮の引いた岩の裂け目に潜んでいるが、奄美大島ではリーフの岸寄り、小さな藻が生えた岩の水面ぎりぎりを動き回っていた。食事中だったのだろう。

殻高が高い分だけ身も厚く、食べがいがある。しかも、とてもおいしい。

【採り方】湿った岩の裂け目を丹念に探す。殻には付着物がついて周りの岩と区別がつかないが、貝の形と、一列につながる孔で見つけることができる。長めのマイナスドライバーがいい。岩からはぎ取る。

【食べ方】何といってもお勧めは生。ナイフで身を殻から剥ぎ取り、刺身にする。シソの葉で巻いた刺身おにぎりは極上だった。緑色のキモもおいしい。醤油を垂らした網焼き。塩茹でも、もちろんおいしく味わえる。

クロアワビ（ミミガイ科） 黒鮑

Haliotis (Nordotis) discus discus

分布：青森県以南の潮間帯下部　　殻長：8cm

クロアワビ（2015.5.4 いちき串木野市）

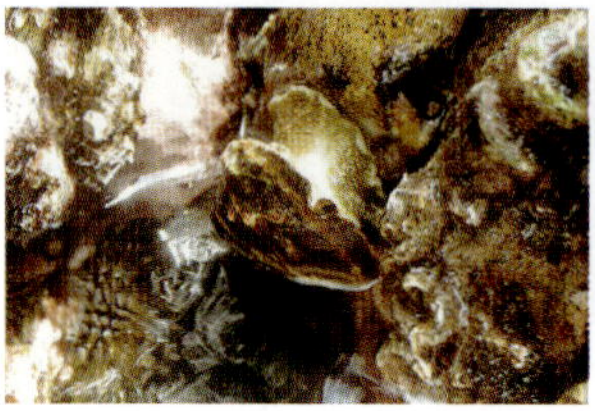

クロアワビ（2011.8.13 南さつま市）

クロアワビ、引き潮に取り残された（2015.5.4 いちき串木野市）

クロアワビ（2015.5.4 いちき串木野市）

古く縄文・弥生の貝塚からも出土し、昔から好んで食べられてきたアワビ類。その中でもクロアワビは最高級とされてきた。食べてみると、なるほどコリコリした食感にコクと旨味があり、最上の貝に属することが、すぐに実感できる。一度は手にしたい種である。

御貝（おがい）という言い方もあるが、天皇、伊勢神宮に献上されてきたことに由来する。身をたたいてのした干物が、「のし」として贈答品とされた。のし袋ののしはここからきている。

江戸期から、中国でも本種の干しアワビが珍重され、今でも東北地方のものが高値で取引されているという。

水深４～５ｍに生息し、夜行性である。昼間は岩の隙間や暗い所に潜んでいることから、磯に行ってもなかなか見かけることはない。まれに、潮間帯下部の転石の下や、潮通しのよい岩の隙間で出会える。

網焼き味噌仕立て

クロアワビ外側

クロアワビ内側

クロアワビのキモとウニの贅沢盛り

クロアワビの刺身

クロアワビの塩茹での一品

ワカメ、コンブ、ホンダワラといった大型の褐藻類を好むので、いるかいないかはこうした海藻が豊富かどうかも目安になるだろう。

呼水孔と呼ばれる穴は、えら呼吸、排泄物や卵や精子の放出のためにあり、アワビ類では4～5個、トコブシでは6～8個ある。内側は真珠質の光沢がとても美しい。

ごく稀に、キモ（中腸腺）にあたり、中毒を起こすことがあるというが、死ぬことはない。ちなみに、どす黒いキモは要注意。

【採り方】見つけるのが難しいが、いたらドライバーを使って岩からはぎ取る。

【食べ方】生で刺身にして味わえる。特にキモが絶品とされる。醤油と酒をたらしながらの網焼きも風情がある。一般的な塩茹でも、もちろんおいしく味わえる。貴重品故、塩茹でしたものを細かく刻んで食べるのもいい。

ヒメクボガイ （ニシキウズ科） 姫久保貝

Omphalius nigerrimus

分布：山形県、房総半島以南の潮間帯中〜下部　　殻高：2.2cm

ヒメクボガイ

苦労せずに収獲できるヒメクボガイ
（2011.4.18 日置市）

ヒメクボガイ

ヒメクボガイ

外海に面した磯場を好む。潮間帯の下部、大潮の干潮時に波の入る浅瀬の転石をひっくり返すと付いている。

ヒメクボガイによく似たものにクボガイがある。クボガイはヒメクボガイよりも一回り大きく、縦肋が太い。また殻底に臍孔のない場合が多い。

また、同じ殻底に臍孔のあるよく似た種類にヘソアキクボガイがあるが、殻高がヘソアキの方が低い。

このクボガイの仲間は、昔から全国的に食されてきた。うまく茹でると、身もくるりと簡単に先まで出てくる。味も濃厚で、磯の香りを楽しむには申し分ない。

【採り方】 転石をひたすらひっくり返していく。水中の岩にもついているが、見えるところにはヤドカリが入っているケースが多い。

【食べ方】 塩茹でが一般的。醤油で味付けして煮てもいい。

ヒメクボガイの味噌汁

ヒメクボガイの塩茹で

大根おろしと

サラダの具にも

ヘソアキクボガイ （ニシキウズ科） 臍開久保貝

Chlorostoma turbinatum

分布：北海道南部以南の潮間帯中～下部　　殻高：2.1cm

ヒメクボガイ同様、外海に面した磯場を好む。潮間帯の下部、波の入る浅瀬の岩の隙間や転石の下にいる。

たいてい殻底に臍孔があるが、穴のないものもいるという。図鑑類には臍孔の周辺は緑色になるとあるが、写真の個体は白い。ヒメクボガイも臍孔の周辺は白い。

【採り方】 転石をひっくり返して拾う。

【食べ方】 塩茹でが一般的。醤油で味付けして煮てもいい。

ヘソアキクボガイ（2010.5.29 日置市）

ヘソアキクボガイの収獲物

ヘソアキクボガイの塩茹で

ウズイチモンジ（ニシキウズ科）渦一文字

Trochus rota

分布：能登半島、房総半島以南の潮下帯　殻高：2.5cm

ウズイチモンジ

ウズイチモンジ（2011.8.13 南さつま市）

潮通しのよい波をかぶるところに

ウズイチモンジ

潮通しのよい岩礁の、波のかぶるあたりに張り付いている。潮の満ち引きとともに、上下に移動している。

形は円錐形、殻底は渦状に螺肋が刻まれ赤い模様がつく。臍孔はくぼむが閉じている。殻底の周辺には突起が出ている。

海の中で生きているときは、海藻に覆われていることが多いが、海辺で拾う貝殻は、海藻が落ちてきれいな赤い地色が浮かび上がっている。

【採り方】波をかぶる岩に付いているので、泳ぎながら岩に取り付いて採るのがいい。ほかの貝でもそうなのだが、一つ見つけることができれば、同じような条件のところに次々に見つかる。

【食べ方】塩茹でが一般的。醤油で味付けして煮てもいい。腹の先の部分が切れてしまってうまく引き出せないので、そのつもりで肉を味わおう。身は締まっていて、なかなかいける。

ウズイチモンジの塩茹で

ウズイチモンジの吸い物

ウズイチモンジの酢の物

ウラウズガイ （サザエ科） 裏渦貝

Astralium haematragum

分布：男鹿半島、房総半島以南の潮下帯　殻高：2.8cm

ウズイチモンジと同じ、潮通しのよい岩礁に波をかぶっていて、岩の隙間に隠れることはない。ウズイチモンジはニシキウズ科で、ふたは茶色の薄い板状だが、本種のふたはサザエと同様の石灰質の石状。

形は円錐形、殻底は平ら、臍孔はふたと同じ紫色に縁取りされた部分がくぼむ。殻底の周辺には突起が出ている。

【採り方】 泳ぎながら岩に取り付いて採る。

【食べ方】 塩茹でが一般的。

ウラウズガイ（2011.8.13 南さつま市）

ウラウズガイ

ウラウズガイの塩茹で

イシダタミ（ニシキウズ科）石畳

Monodonta confusa

分布：北海道南部〜南西諸島の潮間帯上〜下部　殻高：2cm

イシダタミ（2011.5.4 日置市）

干潮時、岩の隙間で乾燥に耐える

湿った所も好きだ

イシダタミの収獲物

磯で最も普通に見られる巻貝。よく見ると、精巧な形にうならされる。表面は石畳状に縦横に細かく区切られ、丸みを帯びたそれぞれの区画に一つひとつ微妙に異なった色が着いている。基本は濃緑色だが、黄、緑、橙と規則的に配置される。

内湾の波の穏やかなところに棲む個体の中には、一つひとつの石畳が盛り上がるタイプもいる。

乾燥に強く、干潮時、潮間帯上部にすむものは岩の隙間にじっと潜んでいる。潮が満ちてきて波が洗うようになると、大喜びではいまわり、表面の微小藻類を食べ歩く。

【採り方】岩の隙間を丁寧に探せばいくらでも採れる。潮が上がれば、表面にはい出してくる。それを拾い集める。

【食べ方】塩茹でして、小さい針、まち針などで根気よく身を取り出して食べる。味噌汁の出汁もよく取れるが、せっかくなら身もたべたい。

イシダタミ塩茹で

針で身を取り出す

イシダタミの味噌汁

イシダタミの貝ご飯

クビレクロヅケ（ニシキウズ科） 縊れ黒漬

Monodonta perplexa

分布：男鹿半島、東北地方以南の潮間帯上〜中部　　殻高：1.8cm

潮間帯上部の大きな岩陰に潜んでいる。潮が満ちてくると、イシダタミなどとともにはい出してくる。一見、クマノコガイの子供かとも見間違うが、真っ黒ではない。濃緑色で、よくみると、縦横に区切られた微細な模様がある。殻口には１つくぼみ。

【採り方】大きな岩を注意してみたい。潮が上がれば、表面にはい出してくる。

【食べ方】塩茹でして、小さい針で根気よく身を取り出して食べる。

クビレクロヅケ（2010.11.3 日置市）

イシダタミの隣に

大量にはい出してくる

クビレクロヅケの塩茹で

クマノコガイ（ニシキウズ科） 熊の子貝

Chlorostoma xanthostigma

分布：能登半島、福島県以南の潮間帯上〜下部　　殻高：2.8cm

クマノコガイ（2011.5.4 南さつま市）

外海に面した磯に多い

短時間で収獲

クマノコガイの塩茹で

塩茹でして身を取り出す

クマノコガイの吸い物

塩茹での一品

クマノコガイの混ぜご飯

クマノコガイの雑炊

外海に面した磯場によく見られる。いるところでは、短時間でたくさん採れることから、鹿児島ではクロビナと呼ばれて、よく利用されている。潮が上がってきたら、活発に活動を始める。

貝殻は丸みを帯びた円錐形で、ほぼ真っ黒であるが、殻頂は真珠層が現れて白いものが多い。濡れているときは、クマの毛皮のような質感が見られるところから、クマノコの名がついた。殻底は幾分白っぽく、中心部は橙色や緑色を帯びる。臍孔はくぼむが穴があくことはない。

【採り方】通常は岩の下や隙間に潜んでいるが、潮が満ちてくるとどんどん出てくる。大きめのものを、ただ拾っていけばいい。

【食べ方】量が採れるので、塩茹でしたものをひたすら食べるのがいい。塩茹でした身を取り出して、雑炊や混ぜご飯の具にしてもいい。味噌汁もいい出汁がでる。

スガイ（サザエ科）酢貝

Turbo（*Lunella*）*coreensis*

分布：北海道南部以南の潮間帯中〜下部　殻高：2.5cm

スガイ（2011.5.4 南さつま市）

カキの中に納まる

潮だまり

岩の陰に

スガイの塩茹で

スガイの味噌仕立て

スガイの酢の物

スガイの吸い物

波の穏やかな磯に極めて普通に見られる。短時間に大量に採れ、しかも数も多いから、気兼ねなく採ることができる。しかも、味も上級ときているので、昔からよく利用されてきた。

螺塔は高まらず、駒のような形をしている。殻の表面はカイゴロモという緑藻に覆われるため暗緑色に見える。カイゴロモはスガイの殻にだけ発生することが知られており他には見られない。その理由は不明。半球形の石灰質のふたを持ち、ふたを酢の中に入れると、溶けてくるくる回りだすことから、スガイの名がついた。

【採り方】潮の引いた磯場のカキの多い所、潮だまり、岩陰に見られる。手で拾っていくだけで、短時間にたくさん採れる。

【食べ方】味噌汁もいい出汁が出る。塩茹でして、そのまま食べる。身を取り出して料理の具にしてもいい。磯の香りが豊か。腹の部分も、きれいに取れる。

チョウセンサザエ （サザエ科） 朝鮮栄螺

Turbo argyrostomus

分布：種子島、屋久島以南の潮間帯下部　　殻高：8cm

チョウセンサザエ（2011.3.20 沖縄県本部町）

奄美や沖縄には棘のついた、いわゆるサザエはいないので、奄美・沖縄ではサザエといえば本種をさす。リーフの外縁付近に棲息するため、大潮の干潮の時以外は、容易に採ることはできない。

人の訪れないリーフでは、拾うように採れる。来客のとき自分だけの穴場で大量に採り、バーベキューなどで提供すると大いに喜ばれる。

もっとも、成熟するまでに数年かかるので、調子に乗って採りつくしてしまえば、同じ場所で以前のように資源が回復するまでには時間がかかる。資源が枯渇しないように配慮したい。

沖縄県では貝類漁獲の 20 ～ 40%を占める重要な貝と位置付けられている。

伊豆諸島や小笠原諸島にも棲息する。ところによって、本種の中に棘のついたものも産する。

なお、朝鮮にはいない。種名のチョウセ

塩茹でしたチョウセンサザエ（2010.7.17 奄美市笠利町）

大潮干潮時のリーフ

リーフの窪みに潜む

本部町

本部町

塩茹でして身を取り出す

塩茹でのスライス

チョウセンサザエの混ぜご飯

ニンニクの葉と炒める

ンは、「珍しい」という意味合いでつけられたもの。

サザエに比べて殻は厚く、螺肋は太く肩部で特に太くなる。石灰質の丸いふたは淡褐色で、外面には顆粒がある。

【採り方】 大潮の干潮時を狙う。できるだけ人の訪れることのない海岸が採れやすい。リーフ外縁のサンゴの窪みを注意して探す。一つ見つければコツがつかめる。水につかり水中眼鏡で探せば、陸上で探すより数を採りやすい。

【食べ方】 壺焼きが一般的。まず塩茹でして、下拵えをする。そのあと、醤油、みりん、酒など、好みの味付けをしたタレをたらしながら、網焼きにする。

塩茹でしたものの身を取り出せば、さまざまな料理の具になる。刺身風にしてもいいし、混ぜご飯、炒めものもいい。もちろん、塩茹でしたものを丸ごといただくのもいい。歯触り、味ともに、絶品である。

コシダカサザエ（サザエ科）腰高栄螺

Turbo (Marmarostoma) stenogyrus

分布：山口県北部、房総半島以南の潮間帯下部　殻高：3.2cm

コシダカサザエ（2010.5.29 日置市）

石の裏にいる

コシダカサザエの収獲物

コシダカサザエの塩茹で

コシダカサザエの吸い物

コシダカサザエの卵とじ

サザエの子のように見えるが、3cmもあれば立派な大人。潮通しのよい潮間帯下部の潮だまりの転石の下にいる。手ごろな石を丹念にひっくり返すと、くっついている。鹿児島では普通に見られる。

サザエの子に比べると、螺肋がなめらかで、縫合は強くくびれる。ふたはふくれて、全面に顆粒がある。サザエのように棘が出ることはない。緑褐色、赤褐色と色が変化に富むので、イロサザエ、ゴシキサザエともいう。

【採り方】石をひっくり返すと、裏に付いている。何個かかたまってすんでいるので、効率的に採れる。

【食べ方】塩茹でして、そのまま食べるか、身を取り出して料理の具にする。磯の風味とコリコリとした歯触りは、さすがにサザエの仲間。くるりとまいた腹の部分も、苦味は気にならない。

アマオブネ（アマオブネ科）　海士小船

Nerita albicilla

分布：山口県北部、房総半島以南の潮間帯下部　　殻高：1 ～ 2cm

塩茹でしたアマオブネ（2011.5.4 南さつま市）

アマオブネ

アマオブネの塩茹で

アマオブネの味噌汁

アマオブネの混ぜご飯

波の穏やかな磯には少ないが、外洋に面した磯には普通に見られる。潮の引いた岩の下、岩陰にいる。本種も短時間に大量に採れ、身が小さいながらも昔からよく利用されてきた。

殻は半球形。表面に太い螺肋がある。黒と淡褐色の模様があり、個体によってさまざまな模様が現れる。ふたは石灰質で外側には顆粒がある。

漁師の小舟のような形からアマオブネの名がついた。

【採り方】 潮の引いた磯の岩陰、岩の下に張り付いている。手で簡単に採れる。

【食べ方】 身が小さいので味噌汁がいい。または塩茹でして、身を取り出して食べる。取りだした身を料理の具にしてもいい。取り出しにくそうな外観と裏腹に、きれいに取り出せる。くせのない、上品な味が特徴。磯の香りが豊か。

ニシキアマオブネ（アマオブネ科）　錦海士小船

Nerita polita

分布：紀伊半島以南の潮間帯上部　　殻高：2cm

ニシキアマオブネの収獲（2014.8.21 奄美市）

潮が満ちてきた岩礁（リーフ内）

ニシキアマオブネ（2014.8.21 奄美市）

求愛行動中のニシキアマオブネ（同上）

ニシキアマオブネの塩茹で

ニシキアマオブネの貝ご飯

ニシキアマオブネの酢の物

ニシキアマオブネのキュウリ和え

本土ではあまり見かけないが、奄美、沖縄では普通に見られる。干潮時は砂に潜っていて、潮が満ちてくるとはい出して岩に登る。砂からはい出したばかりの本種の求愛行動に出合った。よく見るとあちこちで2匹の貝がくっついていた。

太い螺肋のあるアマオブネに対し、本種の殻の表面は平滑である。ヌリツヤアマガイに似るが、本種は殻口が広く膨らむのに対し、ヌリツヤは狭く膨らまない。また、エナメルアマガイはふたの外面に顆粒があるが、本種にはない。

殻の模様は様々だが、インクを流したような赤いラインが入ることがある。

【採り方】潮が引いたときは磯の岩際の砂に潜っている。満ちてくると、岩の上を歩きまわる。手で簡単に採れる。

【食べ方】塩茹で。茹で汁を使った貝ご飯や貝の吸い物もいい。

キバアマガイ（アマオブネ科）牙蜑貝

Nerita (Ritena) plicata

分布：屋久島以南の潮間帯上部　殻高：1.5cm

北限にあたる屋久島では少ないが、奄美まで行くとがぜん数が多くなる。殻の表面には強く隆起した螺肋があり、模様は、白いもの、胡麻をまぶしたようなものと、さまざまなタイプがある。殻口にはキバのような二つの出っ張りがあるので、簡単に同定できる。

数を採るには苦労しないが、身が小さいため、味噌汁の出汁を取る以外はあまり利用されない。根気強く身を取り出せばおいしくいただけるのだが。

【採り方】手で拾う。
【食べ方】味噌汁の出汁。塩茹で。

キバアマガイ（2014.8.21 奄美市）

様々なタイプのキバアマガイ（2010.7.19 奄美市）

キバアマガイの塩茹で

キバアマガイ（2010.7.19 奄美市）

フトスジアマガイ（アマオブネ科）太筋蜑貝

Nerita (Ritena) costata

分布：紀伊半島以南の潮間帯中～下部　殻高：2.2cm

奄美まで南下すると本種は普通種になる。キバアマガイと混生することもあるが、本種は、より下部に位置し潮通しのよいところを好むようだ。

螺肋は強く隆起し、溝は深い。形はキバアマガイと同じ印象を受けるが、色が暗緑色で間違いようがない。キバアマガイは殻長が突き出て螺塔は高いが、本種の殻頂は平らである。

【採り方】手で拾う。
【食べ方】味噌汁の出汁。塩茹で。

フトスジアマガイ（2012.9.9 奄美市）

フトスジアマガイの塩茹で

キバアマガイと混生

フトスジアマガイの収獲

アラレカニモリ（オニノツノガイ科） あられ蟹守

Clypeomorus petrosus

分布：駿河湾以南の潮間帯上部　殻長：2cm

アラレカニモリ（2012.3.13 阿久根市）

岩礁地帯に棲息する

群生するアラレカニモリ

アラレカニモリの収獲物

アラレカニモリの塩茹で

岩礁の窪みに群生する。肉食性の巻貝で、魚の死がいなどがあれば、大量に群がる。

殻は固く丈夫、螺肋と縦肋が交わり顆粒状になる。形は中ぶくれの円錐形。よく似た種類に灰色の地色に螺肋に沿って黒斑列をもつカヤノミカニモリ、白地に黒斑列をもつカスリカニモリがある。本種は黒褐色の地色に強く黒い顆粒を生じるので区別できる。

鹿児島では、潮の引いた岩の窪みに普通に見られるが、なにせ身が小さいため、まち針で根気よく身を取り出すことになる。ひと時代前は、磯の風味を味わう喜びのまえには、そんな苦労を厭うものはいなかったが、最近ではとんと聞くことはない。

【採り方】手で拾ってまわるだけで、短時間で十分に収獲できる。

【食べ方】味噌汁の出汁。塩茹でした身をまち針で取り出す。磯の風味は抜群。

ゴマフニナ （ゴマフニナ科） 胡麻斑蜷

Planaxis sulcatus

分布：房総半島以南の潮間帯上〜中部　　殻長：3cm

ゴマフニナ（2011.3.22 鹿児島市）

ゴマフニナの収獲物

ゴマフニナの塩茹で

ゴマフニナの貝ご飯

ゴマフニナの卵とじ

イシダタミを細長くしたような円錐形。

潮の引いた岩礁の窪みに群生している普通種である。

乾燥しているときは螺塔が白く、殻は緑っぽい。海水に浸れば、全体が黒く見える。殻は厚く、角ばった螺肋がならぶが、螺肋表面はなめらか。黒い地に白い四角の斑が規則的に入る。名前の由来は胡麻の斑点（ゴマフ）だが、胡麻を散らしたように見えなくもない。

本種は貝の仲間では珍しく、卵ではなく貝の子を産む胎生として知られる。

【採り方】 群生しているので大きめのものを拾う。短時間に十分に収獲できる。

【食べ方】 塩茹でした身をまち針で取り出す。そのままいただいてもいい。取りだした身を、混ぜご飯にしたり、卵とじにしたりする。

ハナビラダカラ （タカラガイ科） 花弁宝

Cypraea annulus

分布：男鹿半島、房総半島以南の潮間帯中～下部　　殻高：3cm

サンゴ礁のリーフ上に普通に見られる。水中で見つけると、驚くほど美しい。キイロダカラとともに、古代中国では貨幣として用いられた。

殻は厚くかたい。表面は灰白色で光沢がある。側面に沿ってオレンジのラインがあり、両端でくっ付き輪状になる場合もある。若い個体にはオレンジのラインはなくキイロダカラによく似る。

【採り方】リーフの窪みに点在している。

【食べ方】タカラガイの殻は強固で、金づちが必要なくらいだが、殻口にスプーンを挟み込んでひねると簡単に割れる。この食べ方はタカラガイには何にでも応用できるから重宝する。塩茹でした身を取り出す。取りだした身を、混ぜご飯にしたり、卵とじにしたりする。

ハナビラダカラ（2010.7.18 奄美市）

潮の引いたリーフ

スプーンで殻を割る

ハナビラダカラ

ハナビラダカラ

殻を割った塩茹で

オクラとの和え物

キイロダカラ （タカラガイ科） 黄色宝

Cypraea moneta

分布：山口県北部、房総半島以南の潮間帯中～下部　　殻高：3.5cm

奄美、沖縄のサンゴ礁のリーフ上に普通に見られる。貝貨に使われた。学名の *moneta* は、ラテン語でお金の意味。

灰白色の地色がハナビラダカラと同じ印象を与える。オレンジのラインは通常ないが、ときに細いラインが出る。背面には暗黒色の帯が３本ある。成熟すると背面や縁がこぶ状に膨らむ。

【採り方】リーフの窪みに点在している。

【食べ方】塩茹でした貝を、スプーンで割って身を取り出す。

収獲物（左上はハナビラダカラ）

キイロダカラ（2010.7.18 奄美市）

キイロダカラ

キイロダカラ

キイロダカラの貝ご飯

ハナマルユキ （タカラガイ科） 花丸雪

Cypraea caputserpentis caputserpentis

分布：飛島（山形県）、房総半島以南の潮間帯中〜下部　　殻高：4cm

奄美、沖縄のサンゴ礁のリーフ上に普通に見られる。強い光沢を放つ。成熟したものは縁が発達し、背面は高く盛り上がり、断面が三角形に近いため他種と区別できる。縁が褐色で、前後端に大きな白斑が出る。中央部には小さな白斑がまぶされる。殻口と歯は白い。微細な藻類を食べる。

【採り方】リーフの窪みに点在している。

【食べ方】塩茹でした貝を、スプーンで割って身を取り出す。

ハナマルユキ(2011.3.20 沖縄県本部町)

ハナマルユキ

リーフの窪みに潜む

ヤクシマダカラ （タカラガイ科） 屋久島宝

Cypraea arabica

分布：房総半島、山口県北部以南の潮間帯下部　　殻高：8.5cm

大型のタカラガイで食べがいがあるが、割って食べるには惜しいほど美しい。朽木文様の縦縞が入り、強い光沢がある。食べるときは、しっかりしたスプーンを口に差し込み、ひねれば割れる。ダメなときは、金づちの世話になる。

よく似たホソヤクシマダカラ（*Cypraea eglantina*）は、殻頂部に黒褐色斑がある。

【採り方】岩の裂け目、窪みに潜む。

【食べ方】塩茹でした貝を、スプーンで割る。身は極上のおいしさ。

ヤクシマダカラ(2014.8.24南さつま市)

外洋に面した岩礁地帯に住む

ヤクシマダカラの塩茹で

ナツメモドキ （タカラガイ科） 棗擬

Cypraea errones errones

分布：紀伊半島以南の潮間帯下部　　殻高：3.5cm

岩礁地帯の干潮時に転石の下に隠れている。細長い飴のような形。灰褐色の地色に、茶褐色の斑点が入る。背面の中央部には幅の広い濃いラインが横切るが、ラインのないものもいる。側面から腹面にかけては薄い橙色。本種の住む岩礁地帯では、淡褐色に白斑をちりばめたハツユキダカラ（*Cypraea miliaris*、殻高 4.5cm）、茶色地に白斑をちりばめたホシキヌタ（*Cypraea vitellus*、殻高 7.5cm）にも出合える。

【採り方】転石の下に隠れている。

【食べ方】塩茹で。スプーンで割る。

ナツメモドキ(2011.4.18日置市)

ナツメモドキ

左ハツユキダカラ、中右ホシキヌタ

マガキガイ （ソデボラ科） 籬貝

Strombus luhuanus

分布：房総半島以南の潮間帯下部　　殻高：6cm

マガキガイ（2013.6.22 いちき串木野市）

沖まで引いた岩礁地帯

マガキガイ採り

岩の上に

潮だまりに

奄美、沖縄ではトビンニャ、テラジャ、静岡はトネリ、紀伊半島はピンピンガイ、カマボラ、高知はチャンバラガイと呼ばれ、昔から利用されてきた。産地では比較的大量に採れるので、安く手軽に味わえる。もちろん、この貝を目指して貝採りも盛んに行われている。

形は肉食のイモガイ類に似るが、本種は岩につく微細藻類を食べる。イモガイ類との違いは殻口外側の下部が外側にめくれていること。ここから生きているときは、触角と目をつきだす。目はカタツムリのように伸び、かなり目立つ。

ふたはギザギザのついた足のようになっており、これで海底をけって移動する。敵から逃げるときは高くジャンプする。手で殻をもつと、ギザギザの足を蹴るように動かすことからチャンバラの名がついた。トビンニャは跳ぶ貝の意。

【採り方】奄美、沖縄では冬の貝だ。10月

マガキガイの塩茹で

マガキガイ

マガキガイ

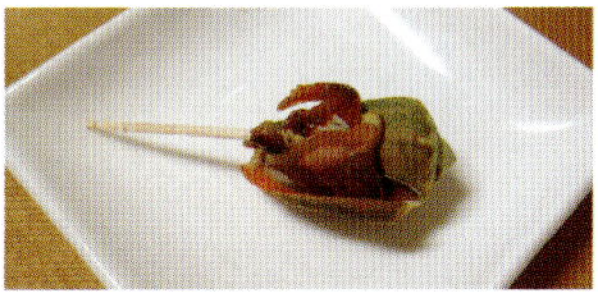
身を取り出す

身を取り出したマガキガイの塩茹で

マガキガイの吸い物

マガキガイの混ぜご飯

腹を取った身、様々な料理の具となる

から春先の3月くらいまで、リーフ内の砂地のプールで潜って採る。いる場所では短時間でみかん箱一杯採れる。

鹿児島では、6月から8月にかけて産卵のために浅瀬に集合するので、大潮の干潮時に潮の引いた岩の窪み、潮だまりに取り残されたものを拾う。

【食べ方】砂が抜けにくいので砂抜きには時間をかける。うまく砂が抜けたものは塩茹でしてそのまま腹も食べられるが、そうでなければ腹を取って身だけを食べる。身の取り出し方は、ギザギザの足の根元に楊枝を刺して殻を回せば、簡単に出てくる。身に甘みがあるので、塩茹でしたままでも十分おいしく味わえる。

取り出した身をバター焼きにすれば最高の一品となる。ニラと貝の炒めものもよくされる。焼きや炒めの際は、塩や醤油で味を調えるだけで十分。みりんや砂糖は使わない。

ガンゼキボラ（アッキガイ科） 岩石法螺

Chicoreus brunneus

分布：房総半島以南の潮間帯下部　殻高：7cm

ガンゼキボラ（2011.8.13 南さつま市）

外洋に面した潮通しのよい岩場で泳いでいたら、ウズイチモンジとともに波にもまれる岩にへばりついていた。

本種は貝を捕食する。古く江戸期の図鑑目八譜ではガンセキボラと記されていた。岩石をガンセキと言ったり、ガンゼキと濁って言ったりしていたらしい。一方、竹熊手のこともガンゼキといい、形態から連想できなくもない。

殻は黒褐色だが、たいてい石灰藻に覆われていて、本来の色ははっきりしない。縦張肋に細かく枝分かれした突起が密生するのが特徴。特に肩部で最も肥大する。120度おきに縦張肋があり、その間にはこぶが発達する。殻口は淡紅色。

【採り方】泳ぎながら波の打ちつけるあたりを丹念に探す。手で採れる。

【食べ方】塩茹でして身を取り出し、料理の具にする。しっかりした歯触り、食感が楽しめる。

塩茹でして身を取り出した

潮通しのよい岩場

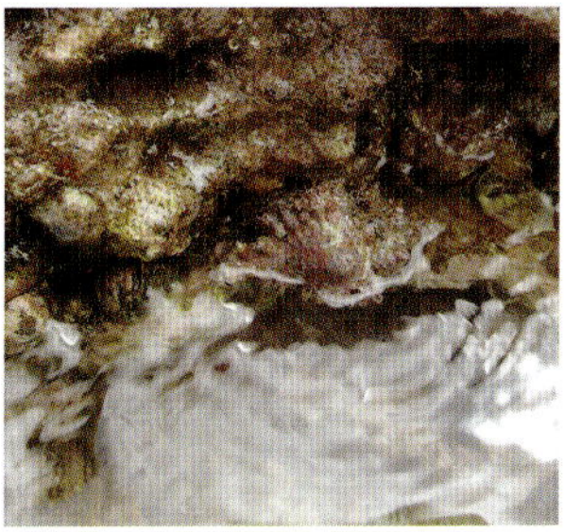

波のかかる辺りに張り付く

ガンゼキボラの卵とじ

ガンゼキボラの吸い物

ガンゼキボラ

チトセボラ （イトマキボラ科） 千歳法螺

Fusinus nicobaricus

分布：伊豆半島以南の潮間帯下部　　殻高：15cm

6月の大潮、潮の引いた岩場にマガキガイとともに、潮だまりに取り残されていた。

殻は白地に褐色のギザギザ模様が入る。螺層の肩部はとがる。貝殻は硬くしっかりしているので、食べた後も飾っていたい。

【採り方】イセエビの刺し網によく掛かるという。潮の引いた岩場の潮だまりにもいるので拾う。

【食べ方】塩茹で。取り出した身は赤い。さっぱりした味。

チトセボラ（2013.6.22 いちき串木野市）

潮の引いた潮だまり

チトセボラの塩茹で

イボニシ（アッキガイ科） 疣螺

Thais clavigera

分布：北海道南部、男鹿半島以南の潮間帯中〜下部　殻高：3 〜 5cm

イボニシ（2011.5.4 日置市）

左ツノレイシ、中右コオニコブシ（2011.3.20 本部町）

クリフレイシ（2010.5.30 日置市）

レイシガイ（2013.3.31 薩摩川内市）

イボニシの集団

イボニシの塩茹で

イボニシの味噌汁

イボニシの塩茹での一品

潮間帯の岩礁地帯に最も普通にいる巻貝。殻の表面に多数のいぼいぼを持つことから名付けられた。アッキガイ科は肉食で、足裏の穿孔腺から酸を分泌し、貝に穴をあけて肉を食べるが、本種は殻の合わせ目に傷をつけ、そこから毒を注入して弱らせて肉を食べる。

殻口は広くて黒いが、外縁の内側には白い絣模様がある。突起の目立つツノレイシ（*Mancinella tuberosa*）や、コオニコブシ（*Vasum turbinellum*）、クリフレイシ（*Thais luteostoma*）、レイシガイ（*Thais bronni*）など、似たような形態を持つ貝は多い。いずれも同様に食べると苦みがある。

鰓下腺（パープル腺）からの分泌液は古くから貝紫染めに利用されてきた。

【採り方】潮の引いた潮だまりで拾う。

【食べ方】塩茹で。苦味があるので好き嫌いがある。殻のまま潰して沸騰させ、布などでこせば、ニシ汁ができる。

テツレイシ（アッキガイ科） 鉄茘枝

Thais savignyi

分布：伊豆半島以南の潮間帯中〜下部　殻高：4cm

テツレイシ（2014.8.21 奄美市）

潮の上がるのを待つテツレイシ

フジツボを襲う幼貝

左側に穴が開けられていた

テツレイシの塩茹で

テツレイシの貝ご飯

テツレイシの塩茹での一品

潮の引いた岩の窪みや隙間に潜んでいる。奄美大島ではオオベッコウガサと並んで潮の上がるのをじっと待っていた。

奄美、沖縄の磯遊びのターゲットとしてはもってこいの一種。オオベッコウガサと並んで個体数が多い。出汁も出るし、様々な貝をまとめて海水で茹でればおいしい夕餉が楽しめる。

本種の子供と思われる小さな貝がフジツボに重なっていた。手で取り除くと案の定、小さな穴をあけて身を吸い取っていた。食事中、悪いことをした。

殻表は黒褐色で白色部が混入する。角状棘は円錐形。角状棘が3列のツノレイシと似るが、本種は4列。外唇内縁にいぼ状の突起がある。

【採り方】 潮の引いた岩の窪みを探す。

【食べ方】 塩茹で。苦味があるが、それが病みつきになる。いい出汁が取れる。

ツノテツレイシ （アッキガイ科） 角鉄荔枝

Mancinella hippocastanus

分布：伊豆半島以南の潮間帯中～下部　　殻高：4cm

ツノテツレイシ（2014.8.21 奄美市）

奄美大島のリーフ内の岩場

潮の上がるのを待っている

ツノテツレイシ

ツノテツレイシの塩茹で

奄美大島ではテツレイシとほぼ生息域が重なるが、本種の方が少ない。潮の引いた岩の窪みや裂け目に潜む。海水面直下の岩に張り付いているものもいる。

テツレイシと同じ印象だが、角状棘が 3 列で棘は長い。特に肩部の棘は長く、上に反り返る。殻表は白と灰褐色が入り混じったまだら模様。見た目は前種と違って白いから慣れればすぐ区別できる。幼貝も採ったが、まるで同じ形をしている。反り返った角を誇示しているようでかわいい。

外唇上部の棘は、完全に巻いたものから開いたものまで、いろいろある。

【採り方】潮の引いた岩の窪みを探す。同じようなところにいるので、一つ見つかれば目が慣れて次々に見つかる。

【食べ方】塩茹で。テツレイシと同様苦味があるがおいしい。いい出汁が取れる。貝ご飯にもいい。

イソニナ （エゾバイ科） 磯蜷

Japeuthria ferrea

分布：房総半島以南の潮間帯中～下部　　殻高：3.5cm

イソニナ（2011.5.4 南さつま市）

潮通しのよい岩礁地帯

上げ潮時に動き回る

イソニナ

塩茹での一品

イソニナの酢の物

イソニナの吸い物

シマベッコウバイ（2011.5.4 南さつま市）

各地の岩礁地帯に普通に産する。潮通しのよいところを好むようだ。小さいながらもおいしい貝として利用されてきた。塩茹でした身は、取り出すとき、粘りのある汁とともに出てくるので、鹿児島ではヨダレビナと呼ばれる。

肉食性で腐肉にも集まるが、酸で他の貝の殻に穴をあけ身を食べる。潮間帯の転石の下や岩の窪みに潜んでいるが、潮が満ちて来ると狩りのためか盛んに動き回る。

よく似た種類に、殻にはっきりとした褐色の模様が入り、殻口が青白色のシマベッコウバイ（*Japeuthria cingulata*）がいる。本種は、殻は灰緑色、殻口は紫褐色。棲息環境も同じで、同じところに混生する。両者は区別されずに、食べられている。

【採り方】 潮の引いた潮だまりの転石の下にいる。

【食べ方】 塩茹で。身を取り出して料理の具にする。濃厚な旨味があり、好まれる。

ムラサキインコ（イガイ科）紫鸚哥

Septifer virgatus

分布：北海道南西部以南の潮間帯中～下部　　殻長：2.8cm

ムラサキインコ（2010.5.15 日置市）

各地の岩礁地帯に普通に産する。足糸で岩にへばりつき大群をなす。その大群をイガイ床という。

一度に大量に確保できる。湯がくといい出汁が出るので、昔からよく利用されてきた。身も捨てたものではない。塩茹でしたのち、開いた貝の内側に残った足糸をつかんで食べる。磯の香りと、独特のうまみが口中に広がり、手が止まらない。

殻は幼貝では放射肋があるが、成長すると摩耗して消える。奄美、沖縄にはヘリトリアオリガイ（*Isognomon acutirostris*）が群生する。

【採り方】潮の引いた岩に群生している。マイナスドライバーで、大きめのものを剥ぎ取っていく。足糸の部分には泥がこびりついているので、海水でもむように洗う。

【食べ方】塩茹で。足糸をつかみ身のみ食べる。味噌汁用にそのまま湯がいて、出汁を取るのもいい。出汁は絶品である。

岩に大群をなす

マイナスドライバーではぎ取る

ムラサキインコの収獲物

海水でもみ洗いして泥を落とす

ムラサキインコの塩茹で

足糸をつかんで身のみ食べる

ヘリトリアオリガイ（2011.3.20 沖縄県本部町）

ヒバリガイ （イガイ科） 雲雀貝

Modiolus nipponicus

分布：陸奥湾以南の潮間帯中～下部　殻長：3.9cm

各地の岩礁地帯に普通に産するが、ムラサキインコよりは下部にすみ、大群をなすことはない。足糸で岩にへばりつく。殻には毛のある殻皮をかぶる。

【採り方】潮の引いた岩に張り付いているものを、マイナスドライバーで剥ぎ取っていく。足糸の部分には泥がこびりついているので、海水でもむように洗う。

【食べ方】塩茹で。足糸をつかみ身のみ食べる。味噌汁の出汁も取れる。

ヒバリガイ（2011.4.18 日置市）

ヒバリガイの塩茹で

アコヤガイ（ウグイスガイ科） 阿古屋貝

Pinctada martensii

分布：男鹿半島、房総半島以南の潮間帯中〜下部　殻長：9cm

アコヤガイの網焼き

潮だまりに見つかる

アコヤガイ（2010.5.30 日置市）

アコヤガイの酢の物

アコヤガイの吸い物

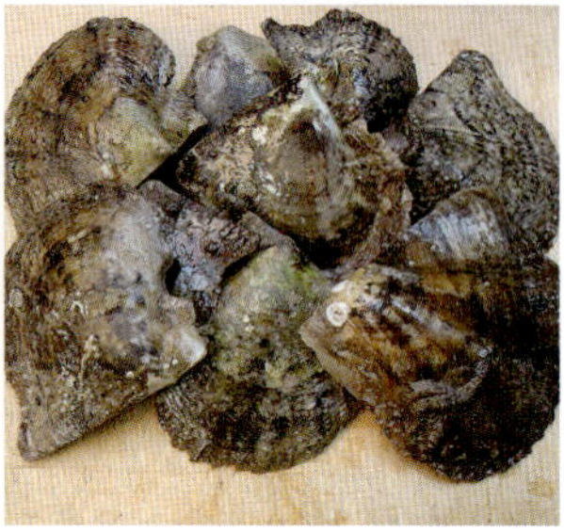

アコヤガイ（2011.4.18 日置市）

数は多くはないが、潮の引いた磯の潮だまりを探せば結構見つかる。薄い形からもわかるように身は小さい。

本種は真珠の養殖用に活用され、真珠を取った後の副産物として、真珠養殖の盛んな地域を中心に食用にされてきた。その際も、貝柱だけをてんぷらや、塩茹でにしたのち酢の物など料理の具にした。貝柱の干物や粕漬けも販売されている。

通常の磯遊びで採った場合は、身を丸ごと味わえばいい。

殻は薄く、何枚も重ね合わせたような形をしている。殻の内側の真珠光沢は美しく、料理の後には、取っておきたい。

【採り方】潮の引いた潮だまりを探す。岩に張り付いているから、マイナスドライバーで剥ぎ取る。

【食べ方】塩茹でした身を料理の具に利用する。網焼きもいい。美しい貝の内側に盛り付けると食欲を誘う。

イワガキ （イタボガキ科） 岩牡蠣

Crossostrea nippona

分布：陸奥湾～九州の潮間帯中～下部　殻長：12cm

イワガキは海水で洗って食べれば、まさに絶品

泥っぽい海岸線の岩場を探す

石に張り付いている

ドライバーの背を石でたたく

イワガキの収穫（2010.5.15 日置市）

イワガキの網焼き

イワガキを蒸した一品

　夏休みに海に泳ぎに行けば、まず探すのがイワガキだ。普通に売っているマガキは冬の食べ物で夏は食べないが、イワガキは夏が旬だ。どこにでもいるわけではない。栄養分が多い場所、つまり、川の水が流れ込んでくるかどうかがポイントとなる。やや泥っぽい海岸線で岩場があれば探す価値は十分にある。

　手のひらくらいの大きさだから身も十分に大きい。採りたてを海水で洗って口に含めばまさに海のミルク。一つか二つで十分満足できる。そこまで成長するのに5年から10年かかるから、調子に乗って採ってはならない。ほかの人の楽しみを奪う。殻が分厚く、大きいカキはほかにいないから本種であることはすぐに分かる。

【採り方】マイナスドライバーで剥ぎ取る。手ごろな石でたたいてもいい。

【食べ方】塩で洗って生食したい。醤油をたらした網焼きもおいしい。

マガキ（イタボガキ科） 真牡蠣

Crassostrea gigas

分布：日本全土の潮間帯上〜中部　殻長：15cm

マガキの塔（2011.5.4）

岸壁のマガキ

船だまりのマガキ

干潟のマガキ

汽水域（川の河口域）のマガキ

生きていてよかった、と思えるときの一つが、おいしいものを食べたときだろう。日本の海辺のどこにでもいて、簡単に採れるのがマガキだ。岩礁、防波堤、岸壁、あらゆるところで目にできる。潮が引いたとき、誰でもドライバー一本で簡単に、かつ大量に採れる。そして極上の味わい。まさに貝の王様というにふさわしい。

古く縄文の貝塚からも多出するというほど、長く人々に愛されてきた貝なのである。亜鉛、カルシウムなどのミネラル、すべての必須アミノ酸を含むなど栄養的にも群を抜く。

英語でRのついた月にしか食べられないといわれる。9月から4月がそれにあたる。5月から8月にかけては産卵期で、精巣、卵巣が肥大するからだという。だが、むしろ、夏期は高温期であり細菌類が繁殖しやすく、食中毒の危険が高まることを注意しているとみた方がいい。また、貝毒にあた

酢ガキ

ドライバーで落とす

まさに海のミルク

マガキの収獲物

マガキの刺身

マガキの酢の物

カキフライ

マガキの網焼き

りやすいのもこの時期。貝毒とは、海水中に繁殖した有毒プランクトンを貝が蓄積したもの。これはカキに限らず、すべての二枚貝に該当するから注意したい。

販売されているのは養殖ものだから身も大きい。殻も 10cm をしばしばこえる。自然の海岸で手にできるものは 5、6cm が普通だ。だが、味は何ら遜色がない。むしろ、新鮮なうちに味わえるから食中毒の危険も少ない。

【採り方】有明海沿岸から五島にかけては、先の長い金づち状のもので殻を割り、身だけ採っていくカキ打ちが盛んに行われていた。そんな道具がない場合は、マイナスドライバーで岩から落として、海水の入ったクーラーボックスで持ち帰る。新鮮なうちに味わう。

【食べ方】塩水で洗って、酢醤油で生食したい。醤油をたらした網焼きもおいしい。味噌汁に入れてもいい。

オハグロガキ（イタボガキ科） 御歯黒牡蠣

Saccostrea mordax

分布：紀伊半島以南の潮間帯上〜中部　殻長：6cm

オハグロガキ（2011.5.4 南さつま市）

マイナスドライバーで落とす

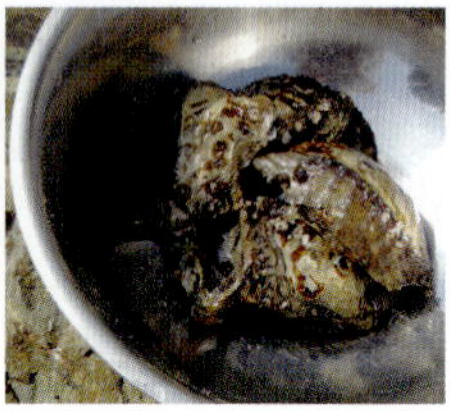

オハグロガキの収獲物

酢醤油で生食する

オハグロガキの酢の物

マガキが栄養豊富な内湾性で汽水域近くを好むのに対して、本種は外洋性で、波あたりの強い岩に群生する。

強い波が当たる分、岩にがっちり張り付いているが、マイナスドライバーと、その取っ手の背を叩く手ごろな石があれば、難なく収獲できる。

岩に張り付いているときは、餃子のイメージ。岩に張り付く左殻は、直角に立ち上がり深くくぼんで波打つ。貝の合わせ目は黒っぽい。貝を開けると、合わせ目は真っ黒で、まるで江戸時代の女性のお歯黒。

膨らんでいる分、身も大きく、マガキに比べても遜色ない。コクは劣るが、それは本種の個性で、すっきりした味が楽しめる。

【採り方】 マイナスドライバーで岩から落とす。海水の入ったクーラーボックスで持ち帰る。新鮮なうちに味わう。

【食べ方】 酢醤油で生食。醤油をたらした網焼きもおいしい。味噌汁もいい。

ケガキ（イタボガキ科） 毛牡蠣

Saccostrea kegaki

分布：陸奥湾〜奄美諸島の潮間帯上〜中部　殻長：6cm

ケガキ（2011.4.9 鹿児島市）

ケガキの群生

マイナスドライバーで落とす

ケガキの収獲物

酢醤油で生食する

ケガキの酢の物

ケガキのホイル焼き

ケガキは弱内湾性で貧栄養な岩礁地帯に群生する。マガキやオハグロガキが殻の表面が平滑なのに対し、本種は管状突起が棘のように生える。なぜか棘の取れた個体もいる。本種の棘は、肉食性の貝から身を守るためといわれる。確かにトゲトゲの貝殻はイボニシなども歩きにくかろう。だとすれば、棘のない個体は別な防御方法が備わっているのか。一度調べてみたい。

左殻が岩にくっついてあまり立ち上がらないため、貝自体が薄く身も小さい。本種を目指して採る人はあまりいないが、様々な獲物の一つとしていくつか持って帰りたいカキである。

【採り方】 マイナスドライバーで岩から落とす。海水の入ったクーラーボックスで持ち帰る。新鮮なうちに味わおう。

【食べ方】 酢醤油で生食。生のカキの身を酢の物にしたり、ホイル焼きにして火を通して食べるもいい。

アサリ（マルスダレガイ科） 浅蜊

Ruditapes philippinarum

分布：北海道〜九州の潮間帯下部　　殻長：4cm

アサリ、左と一番手前はケマンガイ（2011.4.9 鹿児島市）

アサリほどお馴染みの貝はない。スーパーに行けば必ずパックが見つかるし、居酒屋のバター焼きは定番だ。

はるか昔、縄文のころからよく食べられていたことが、貝塚から出土する大量の貝殻で分かる。

そのアサリも、いまでは養殖ものや朝鮮半島や中国からの輸入ものが幅を利かせている。砂浜の貝掘り大会ではアサリがザクザク採れるが、それは主催者が仕入れ、前日に放流した養殖もの。１週間もたてば、どこへ行ったのやら、影も形もなくなる。舞台裏を知ればがっかり、である。

天然のアサリのすみかを知る人は少ない。もともと、外洋に面したきれいな砂浜にはいない。岩場の小石交じりの砂地がポイント。川の流れ込む近くならなおいい。熊手で掘るというより、ドライバーなどで貝のかけらや小石をのけながら探していくイメージ。大きな石の下にはいないが、そ

アサリのバター焼き

岩場の砂礫地がポイント

小石や貝殻を払いのけると出てくる

続けてもう一個

アサリの味噌汁

アサリの酢の物

左、中アサリ、右ケマンガイ

の近くは探してみたい。潜る深さもせいぜい 1、2cm。頑張って掘る必要はない。

採った貝は海水と一緒にクーラーに入れておけば、やがて砂を吐く。砂抜きが中途半端なアサリはじゃりじゃりして食べられたものではない。ビニール袋で持ち帰り、家で作った塩水に放り込んでもいい。その際は、海水と同じ濃さにする。一口含んで海水並みか舌で判断する。

殻の模様は千差万別、ひとつとして同じ模様はない。同じ場所でよく似た、アサリより丸みの強い褐色地のケマンガイ（*Gafrarium divaricatum*）も採れる。

【採り方】 磯場の砂地がポイント。マイナスドライバーで小石をどけながら探す。

【食べ方】 産卵期の春と秋が旬。丸々と太ったものを手にしたい。生食には向かない。フライパンでバター焼きや味噌汁が定番。濃いめに塩茹でした身はパスタの具にもいい。酒蒸し、ワイン蒸しもおすすめ。

シラナミ（シャコガイ科）白波

Tridacna maxima

分布：紀伊半島以南の潮間帯下部　殻長：17cm

シラナミ（2010.7.17 奄美市笠利町）

足糸で張り付いている

カマで足糸を切る

足糸開口（そくしかいこう）が開く

やっと採れた

奄美、沖縄のリーフに行けば探したくなるのがシャコガイの仲間。とにかくおいしい。潮の引いた潮だまりやプールで、唇のような外套膜を目印にして見つける。ただこの外套膜は赤、緑、青、黄色、褐色と様々な変異に富むから、特定の色を目安にすることはできない。

シャコガイの仲間は、外套膜に褐虫藻（共生藻）を共生させていることで知られる。褐虫藻はシャコガイが呼吸によって出す二酸化炭素や排泄物を取りこみ、光合成によって栄養分を作り出して増殖する。一方、シャコガイは、自分で海水中のプランクトンや栄養分を取り込んで食べるが、増えた褐虫藻も食べる。だからシャコガイは、褐虫藻が光合成をやりやすいように、強い日差しの届く浅い海にすんでいるというわけ。うまいことやってますね。

さて見つけてからが一苦労。足糸で強く岩にくっついているから簡単には取れな

絶品のバター焼き

シラナミ

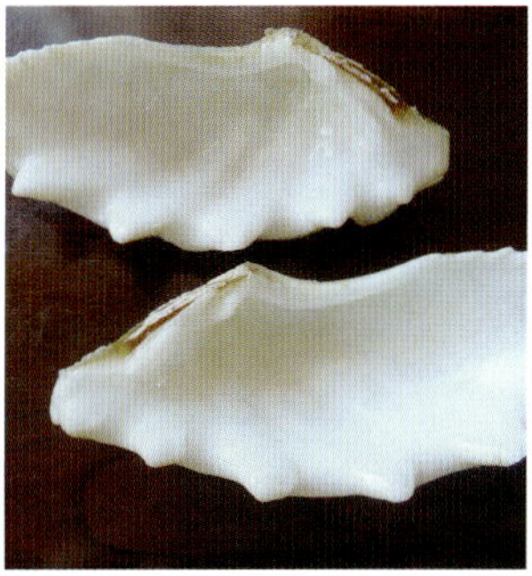

シラナミ

シラナミの網焼き

シラナミの醤油煮つけ

シラナミの収獲物

い。手で引き剥がそうとしても到底無理。ナイフやカマが必需品。

シラナミとともに、沖縄で漁業対象として重要な貝であるヒメジャコガイは、強い酸でサンゴを溶かして窪みを作ってもぐりこんでいる。サンゴを壊すしか採る方法はないから、最近では養殖もされている。シラナミは穿孔することはない。

シラナミは前後に長く、肋上に薄いヒラヒラ（鰭状板）がつくが、ヒメジャコガイには肋の後端にヒラヒラが目立つ程度。

殻の堅固さから想像できるように、年間1、2cm しか成長しない。成熟するまでには 10 年かかる。採りすぎたらすぐ全滅してしまう。イワガキと同様、１個か２個にとどめたい。

【採り方】ナイフかカマで、岩に張り付いている足糸を切る。

【食べ方】新鮮なものは刺身。醤油をたらして網焼き、バター焼き。絶品！！

イソハマグリ （チドリマスオ科） 磯蛤

Atactodea striata

分布：房総半島以南の潮間帯中〜下部　　殻長：3cm

イソハマグリ（2014.8.22 奄美市笠利町）

砂を浅く掘れば見つかる

イソハマグリの吸い物

イソハマグリの貝ご飯

イソハマグリの塩茹でとヒジキ

日本本土ではほとんど見かけないが、奄美、沖縄には普通にいる。潮干狩りと言えば本種を目指すといっていい。リーフの内側のサンゴや有孔虫の殻、貝殻などからなる粒の大きい砂浜がポイント。潮が引いたとき砂を掘ると見つかる。5cm 程度、流木の切れ端や貝殻などで浅く掘るだけでいい。子供でも安全な場所で簡単に見つかるから、連れていくと大喜びだ。

地元の人は半日程度海水に入れて砂抜きをするが、砂はあまり含まないから、しなくてもいい。

【採り方】 リーフの内側の砂浜。リーフの発達していない内湾の砂浜にもいる。5cm 程度薄く削る感覚で砂を掘ると見つかる。

【食べ方】 味噌汁に入れるといい出汁が出る。塩茹でして、茹で汁を使った貝ご飯、吸い物もいい。水管のつけ根が鮮やかな赤で、身もなかなか美しい。

磯遊びは時を忘れさせる。左側には体半分海に浸かった女の子がいる。

アメフラシ（アメフラシ科）雨降らし

Aplysia kurodai

分布：本州～九州の潮間帯中～下部　体長：15 ～ 30cm

アメフラシ（2011.4.18 日置市）

つつくと紫色の汁を出す

卵塊、海ゾーメンともいう

アメフラシの収獲物

アメフラシの塩茹で

アメフラシのバター焼き

開いて内臓を取る

春先から夏にかけて、潮だまりに普通にいる大型のナメクジ状の生き物。30cm にもなる。この時期が繁殖期で、産卵のために浅瀬に来て海藻を食べる。黄色いそうめんのような塊は、卵塊。体には黒褐色の地に白い斑紋がある。貝の親戚で、背中の外套膜の中には小さい殻がある。

棒でつつくと紫色の汁を出す。これが煙幕のように広がり、敵の目をごまかすのか。だが、歩みがのろいので煙幕が消えてもまだそこにいる。なめたことはないが、紫の汁はいやな味がするのかも。

隠岐、鳥取県、千葉県では食べる。韓国の市場では干物が売っている。

【捕り方】 手で大きめの物を拾う。

【食べ方】 海で内臓を取り、よく洗って持ち帰る。家で乾燥させればいつまでももつ。醤油とみりんで煮る。塩茹でした身を炒め物にも。驚くほど縮む。1時間程度煮ないとゴムのようにかたい。味にくせはない。

イソナマコ （クロナマコ科） 磯海鼠

Holothuria pardalis

分布：伊豆半島の潮間帯中〜下部　　体長：15cm

イソナマコ（2011.4.18 日置市）

イソナマコのいる潮だまり

ニセクロナマコ

シカクナマコ

トゲクリイロナマコ

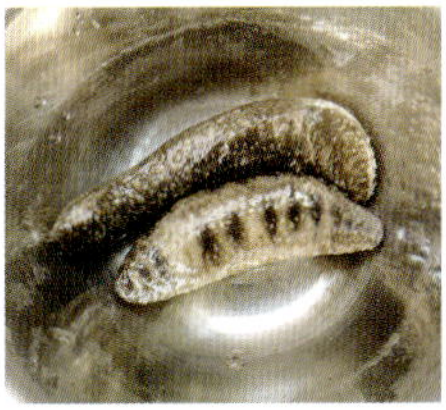
イソナマコの収獲物

イソナマコの刺身

イソナマコの酢の物

ジャノメナマコ

外洋に面した岩礁地帯の潮だまりにニセクロナマコとともに普通に見られる。

体は灰褐色で、縁のぼやけた黒い斑紋がある。水から取り上げるときゅっと縮む。

本種は、普通食用にはしないが、問題なく食べられる。やや硬め。

間違ってもニセクロナマコ（*Holothuria leucospirota*）は食べない。ほとんどのナマコはホロチュリンという毒を持つが、ニセクロナマコは特に高濃度。刻んで潮だまりに放り込むと、仮死状態で魚が浮く。これを利用した漁法が南太平洋にある。

奄美、沖縄では、食用となるシカクナマコ（*Stichopus chloronotus*）、トゲクリイロナマコ（*Actinopyga echinites*）、ジャノメナマコ（*Holothulia argus*）が潮間帯にいて、子供でも捕まえられる。

【捕り方】手で大きめの物を拾う。

【食べ方】開いて内臓を取り洗う。そのまま薄く切って酢醤油で。酢の物もいい。

マダコ（マダコ科）真蛸

Octopus vulgaris

分布：三陸海岸、能登半島以南の潮間帯下部以深　　体長：60cm

マダコ（2010.5.15 日置市）

幼稚園の子供たち

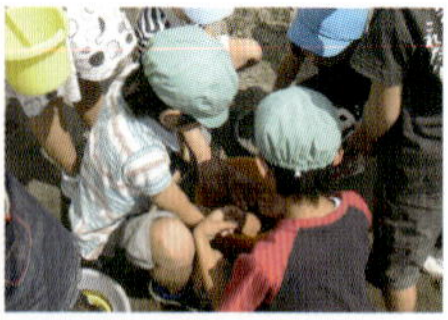

子供は生き物が大好き

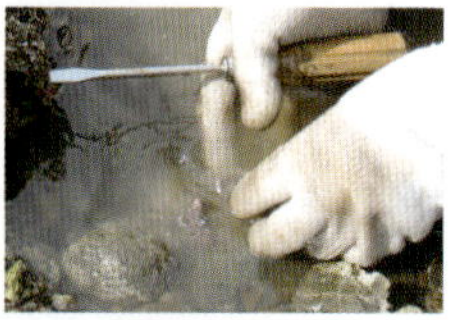

マダコ発見

小さいけどマダコ

マダコの塩茹で

マダコの刺身

マダコとソーメン

塩でもむ

　大人になった本種は春から夏の産卵期は浅場に集合する。低潮線下の岩の下や隙間に隠れているから、タコ釣り師は干潮時に波の当たる岩の上からカニの疑似餌で誘い出し、引っかけて釣る。

　小さなタコの子供は、潮が引く時油断して潮だまりに取り残されるものも多い。ちょうどこの日は平日。近くの幼稚園の子供たちが磯遊びに来ていた。子供たちの獲物の入ったバケツを見てびっくり。こぶしほどもあるタコがひしめき合っていた。

【捕り方】 潮だまりの石の下にいる。唾液に毒があるので噛まれると痛みが続く。噛まれないように注意。

【食べ方】 塩でもみながらぬめりを取る。大きなものは頭の中の味噌を除くが、小さなものはそのまま塩茹でする。沸騰した湯にゆっくりつけると足を巻く。タコを入れると一時的に温度が下がる。再び沸騰したら 2、3 分で大丈夫。煮すぎると硬くなる。

フトユビシャコ （フトユビシャコ科） 太指青龍蝦

Gonodactylus chiragra

分布：房総半島以南の潮間帯下部　　体長：10cm

南方系の本種は、鹿児島の潮だまりではまれに見つかる程度。捕まえて油断すると普段は折りたたんでいる捕脚でパシッとひっぱたかれる。貝を割るほどの力があるから、 ひどく痛い。

味はかなり濃厚。「一匹でも大漁」といいたくなるほど。

【捕り方】潮だまりの石の下にいる。ギュッと強くつかめば叩かれることはない。

【食べ方】シャコの仲間は塩茹でしたあと、腹の両側に鋏を入れ、腹と背の殻をめくるようにして身を食べる。

フトユビシャコ（2010.5.29 日置市）

フトユビシャコの塩茹で

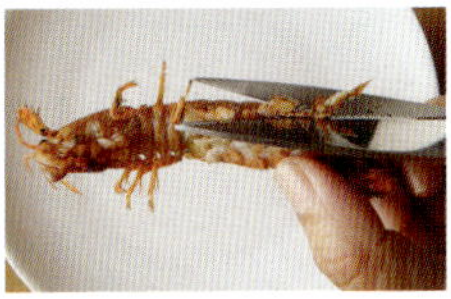

腹の両側に鋏を入れる

イソテッポウエビ （テッポウエビ科） 磯鉄砲蝦

Alpheus lobidens De Haan

分布：相模湾以南の潮間帯中～下部　　体長：5cm

潮だまりの転石の下に潜む。よいしょと大きめの石をひっくり返すと、たいてい1匹はじっとしている。周囲の黒い小石と同じ色をしているから見逃してしまう。

片方のハサミが大きく、威嚇するときパチンと音を立てることから鉄砲の名前がついた。この仲間は分類が未だ完全ではなくいろんな種類に分かれる可能性が高いという。

大量に採れるわけではないので、ほんの味わう程度だが、磯の恵みをじっくり楽しみたい。

【捕り方】潮だまりの石の下にいる。

【食べ方】塩茹でしたあと、料理の具にする。彩りと風味が楽しめる。

イソテッポウエビ（2011.4.18 日置市）

イソテッポウエビの卵とじ

イソテッポウエビの味噌汁

イソテッポウエビの酢の物

イソスジエビ（テナガエビ科）磯筋蝦

Palaemon pacificus

分布：房総半島以南の潮間帯中〜下部　　体長：5cm

イソスジエビ（2011.4.18 日置市）

海藻の下にいる

一度にたくさんゲット

イソスジエビの素揚げ

イソスジエビの味噌汁

イソスジエビの酢の物

干潮の磯にホンダワラの仲間のウミトラノオが長く成長して水面を覆っていた。こういうところにはエビがいるものだと、網を仕掛けワサワサと追い出すと案の定大漁。一度にたくさんのイソスジエビをゲットできた。小魚も交じっている。2、3カ所も探せばあっという間に晩の一品。

昔の釣りはエサから自分で捕るものだった。干潮の河口を掘り起こして捕るのはキス釣り用のゴカイ。このイソスジエビはどの魚も大好物の万能のエサだ。干潮に釣りのエサを捕って上げ潮の釣り時に備えたものだ。

【捕り方】 潮だまりの海藻の覆っている陰にいる。網を仕掛けて追い出して捕る。貝やヤドカリを石で潰して投げ込んでおけば集まってくる。それをすくう手もある。

【食べ方】 素揚げして塩をふって食べる。かき揚げがおいしい。味噌汁の具にもなる。湯通ししたのち酢の物もいい。

イソヨコバサミ （ヤドカリ科） 磯横鋏

Clibanarius virescens

分布：房総半島以南の潮間帯中〜下部　　甲長：1.5cm

イソヨコバサミ（2010.5.29 日置市）

イソヨコバサミのいる潮だまり

コロコロ集合している

殻を放棄したイソヨコバサミ

イソヨコバサミの塩茹で

イソヨコバサミの味噌汁

イソヨコバサミの吸い物

貝採りに行って、見つけたと手を伸ばした途端コロコロ落ちるヤドカリでがっかり、という経験を持つ人は多かろう。

そのヤドカリも、日本に 100 種ほどいるというから驚かされる。よく見ると、精巧な体と微妙な色合いに引きつけられる。

本種は、一回り小型のホンヤドカリ（*Pagurus filholi*）とともに潮だまりに最も普通にいるヤドカリ。足先やハサミの先が鮮やかな黄色。ハサミには黄色い斑点がまぶされる。左右のハサミが同じ大きさ。ハサミが横に開くからこの名前がついた。

クーラーボックスに入れて持ち帰ったら、殻から出て裸で歩いていた。ストレスを感じると殻を放棄するという。

【捕り方】潮だまりに普通にいる。拾い集めるだけであっという間に収獲できる。

【食べ方】塩茹ですれば華やかな色合いに染まる。塩をふってぼりぼり食べる。味噌汁や吸い物もいい。磯の風味満点。

イシガニ （ワタリガニ科） 石蟹

Charybdis japonica

分布：北海道南部以南の潮間帯中～下部　　甲幅：8cm

左イシガニ、右フタバベニツケガニ、塩茹で（2011.4.18 日置市）

イシガニのいる潮だまり

攻撃的なフタバベニツケガニ

アミメノコギリガザミ（2012.4.10）

アミメノコギリガザミの味噌汁

潮だまりの石の下には、おいしいカニもいる。このイシガニが代表的だ。だが油断して挟まれでもしたら大ごと。かなり痛いから注意しないといけない。

同じく攻撃的で強いハサミを持つものにフタバベニツケガニ（*Thalamita sima*）がいる。両目の間の額の部分にトゲトゲがなく、大きく二つに割れたようになっている。また、アミメノコギリガザミ（*Scylla serrata*）は甲幅 20cm くらいまで大きく成長するが、子供のころは、潮だまりにもいる。足に網目模様があるから、すぐわかる。

いずれもワタリガニの仲間。後ろの 2 本の足先が、ひらぺったい遊泳脚となる。後ろ足の特徴とともに、とてもおいしいことが共通する。

【捕り方】 潮だまりの石の下。棒などで押さえて慎重に採る。

【食べ方】 味噌汁が絶品。塩茹でも華やかな色合いに染まる。

カメノテ （ミョウガガイ科） 亀の手

Capitulum mitella

分布：北海道南西部以南の潮間帯中〜下部　全長：4cm

カメノテ（2010.5.15 日置市）

岩に張り付くカメノテ

マイナスドライバーで剥がす

カメノテの塩茹で

カメノテの柄部を剥く

カメノテの一品

潮あたりのいい岩場にはどこにでも、群れをなして張り付いている。形はまさにカメノテ。教えてもらわなくても、すぐに分かるはず。

かたい殻をもつ頭状部と柄部からなる。柄部は円筒形で細かな柄鱗で覆われる。水中では頭から蔓脚という鰓のような毛を出し、プランクトンを捕まえて食べる。

採ろうと思えば無限に採れるが、ワサワサと食べるものではなく、自然と採る量も自制してしまう。柄部の皮を剥きながら、しみじみ食べる。でも、これがうまいのだ。

【採り方】 マイナスドライバーでゴリゴリと剥ぎ取る。根元には泥が付いていることがあり、海水できれいに洗って帰る。

【食べ方】 塩茹で。柄の部分を剥けば、ピンクの身と黒い蔓脚が出てくる。蔓脚は食べられない。ピンクの身を食する。甲殻類に属するだけあって、エビやカニのほんのりした味が楽しめる。春の磯を感じる一品。

ムラサキウニ （ナガウニ科） 紫海胆

Anthocidaris crassispina

分布：秋田県、茨城県以南の潮間帯中～下部　　殻径：4 ～ 7cm

ムラサキウニ（2010.5.15 日置市）

潮だまりに普通

ガンガゼ（2011.7.30 日置市）

ツマジロナガウニ（2010.5.15 日置市）

ムラサキウニの腹側

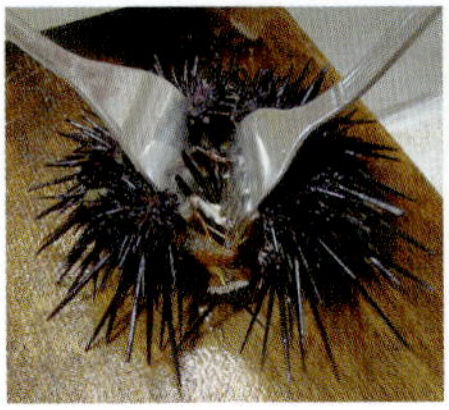

２本のフォークで割る

粒粒の内臓を振り落とす

スプーンですくって塩水へ

磯の潮だまりに普通にいるのが、このムラサキウニと、食用になるガンガゼ（*Diadema setosum*）や、食べられないツマジロナガウニ（*Echinometra tsumajiro*）。

漁業権が設定されているなら別だが、そうでなくてもウニを捕って帰る人は珍しい。寿司では最高のネタだし、ウニ丼ともなれば超高級。磯で自分で捕って食べるとなると、確かに時間と手間がかかる。

磯までの往復に２時間、下拵えに１時間とすると合計３時間。最低賃金でも時給700円を超えるから最低2100円。それだけ時間と手間をかけるなら、お金を払った方がましという計算になる。おまけに車で行けばガソリン代もかかる。

確かにそうだ。だが、自分で捕って食べれば鮮度が違う。食味の大きな部分を占めるのが鮮度だ。とにかく驚くほどおいしい。複雑な流通の中で投入されるかもしれない防腐剤などの薬物も心配ない。

ウニ丼

春雨との和え物

キュウリのおひたし

冷奴のシソの葉添え

ムラサキウニのサラダ

たっぷりなウニの寿司

こう考えると、私たちの日常は、お金と引き換えに時間と手間を手に入れ、味覚や健康を手放していることに気付く。もっと恐るべきは、私たちが生きる根本である自分で食べ物を捕って食べる技を、知らず知らずのうちに失っているということ。これに対して、あまりにも無防備ではないだろうか。「生きる力」とは、お金がなくても自然の恵みの中で生きていく知恵だと気付きたい。

【捕り方】 旬は春から夏。強く岩に張り付いているから素手では捕れない。マイナスドライバーか、手ごろな棒で引き剥がす。
【下拵え】 フォークを２本準備。背中あわせに腹の真ん中に差し込んで二つに開く。粒粒の内臓は振れば落ちる。黄色の生殖巣をスプーンですくって塩水に入れる。
【食べ方】 生食。寿司ネタ。ご飯の上にウニを並べ醤油をかければウニ丼。老若男女、誰もが歓声を上げるに違いない。

シラヒゲウニ（ラッパウニ科）白髭海胆

Tripneustes gratilla

分布：房総半島以南の潮間帯下部　殻径：7cm

シラヒゲウニ（2010.7.17 奄美市）

リーフ内のプール

ウニの身を取る仮設テント

シラヒゲウニの棘の変異

冷凍保存されたウニの身

ミョウバン処理しないから味は絶品

贅沢なシラヒゲウニの卵とじ

白い棘からこの名がついたが、赤い棘や赤と白の棘が交じった個体もある。小石や貝殻をまとってカモフラージュする。9、10月に最も生殖腺が発達。低塩分を嫌うため河川水の流れ込むところにはいない。

奄美、沖縄でウニといえば本種を指す。需要が高く、7月から11月の季節になれば多くの人がこのウニを目指す。資源保護のため漁業権が設定されているところが多いが、入漁料を払えば捕れる。

奄美では、海辺の仮設テントの下で収獲したウニの身を取る作業が、夏の風物詩となっている。鹿児島では南部の海岸線で見かけるが稀。

【捕り方】リーフの内側、プールの岩場にいる。マイナスドライバーか、手ごろな棒で引き剥がす。

【食べ方】身の取り方は他のウニと同じ。生食。たくさん捕れたら塩辛にして保存していた。最近はボトルに冷凍保存される。

ボラ （ボラ科） 鯔

Mugil cephalus cephalus

分布：北海道以南の沿岸浅所から汽水、淡水域　　全長：40cm

ボラのカルパッチョ

ボラ（2011.10.1 日置市）

防波堤から釣れる

撒き餌に集まるボラ

ボラの刺身

ボラのちらし寿司

ボラのバター焼き

ボラは、なぜか嫌われる。汽水域にいるからだろうか、泥臭いと聞く。だが、臭いボラに出合ったことはない。むしろ、きれいな白身で上品な味さえする。脂の乗りの悪い夏場はまずいともいうが、そんなことはない。古代魚のような独特の顔立ちがイメージを落としているような気がする。侮ることなかれ。おいしくいただこう。

嫌う人でも外洋に面した防波堤で、冬場に釣り上げたものなら問題ないだろう。

【釣り方】小アジのサビキ釣りに、食いついてくる。クロダイ釣りの外道にもよく上がる。撒き餌に群れる。

【食べ方】刺身。きれいな白身なのでカルパッチョ、ちらし寿司などにもいい。塩焼きもくせがなく、おいしく味わえる。バター焼きに黒コショウを振りかければ絶品になる。鹿児島では、10～20cmの幼魚を、背越しにして酢味噌で食べる。

カサゴ（フサカサゴ科） 笠子・瘡魚

Sebastiscus marmoratus

分布：北海道以南の沿岸の岩礁域　　全長：20cm

カサゴ（2010.7.3 鹿児島市）

鹿児島湾内の磯

エサのキビナゴ

2cm 程度に切って針につける

口が大きいカサゴ

手軽に釣れておいしいのがカサゴだ。鹿児島ではアラカブと呼び、子供でも簡単に釣れる。季節を選ばないのもいい。

白身でほのかな甘みが何とも言えない。身がかたく、火を通すと身が骨からポロリときれいに剥がれる。

防波堤周りの敷石の間、テトラポッドの隙間、磯の岩の下や隙間に潜んでいる。夜行性で昼間はじっとしているが、貪欲で、エサが目の前にあればすぐに跳びつく。

卵胎生で、おなかを開いたときに目玉のついた卵が現れることもある。

【釣り方】 一般的なのは穴釣り。潜んでいそうな岩の隙間にエサを垂らして釣り歩く。仕掛けはいたってシンプル。5 号の中通しオモリに道糸を通し、サルカンに結びつける。その先に、道糸より細いハリスを結び、チヌ針なら 6 ～ 8 号の大きめの針をつける。穴に入れるから根掛かりはしょっちゅう。ハリスが太く強ければ、道糸が切

カサゴの味噌汁

カサゴの刺身

皮のついたままの刺身

カサゴの煮つけ

カサゴの塩焼き

れてオモリごと失ってしまう。ハリスは5～10cmで十分。エサはキビナゴなどの小魚を2cmにちぎって針につける。小魚が手に入らなければ、アジ、イワシ、サンマなどを手ごろな大きさに切ってつける。

竿の穂先は硬めがいい。やわらかいとすぐ根に潜られてしまう。

一カ所に2、3匹は隠れているから、1匹釣れたところは次を狙う。当たりがあってばらしても、同じ魚が食いついてくる。

同じ仕掛けにウキをつけて、根の点在している沖目の底近くを流してもいい。

【食べ方】刺身。大きめのものは皮を剥くが、小さなものは皮のまま、場合によっては腹のあばら骨もそのままでいい。唐揚げは、たっぷりの大根おろしを皿に敷きつめ、ヒタヒタにして醤油を垂らしていただく。みりんと醤油で煮てもいい。臭みが全くないので生姜は不要。塩焼きもいい。出汁の出た味噌汁は無上にうまい。

マアジ（アジ科） 真鯵

Trachurus japonicus

分布：日本各地の沿岸～沖合の中下層　全長：10 ～ 30cm

小アジ（2011.8.21 鹿児島市）

夏の堤防は小アジ釣りで賑わう

複数釣れば一気に釣果が伸びる

マアジ

あごの下をはずして内臓を一緒に取る

岸壁や防波堤で小アジが釣れなかったら、日本の釣り人口は半減すると思われるほど、小アジは釣りの入門にもってこいの魚だ。実際、家族連れの釣りをよく目にする。小さな竿と一番安いリールで十分だし、釣り方も簡単なサビキ釣り。初めてなら釣り具屋の人に聞けば5分で分かる。小アジ釣りで竿やリールの扱いに慣れれば、どんな釣りにもチャレンジできる。

いつ、どこで釣るかは、そこに釣り人がいるかどうかで見る。春から秋にかけて、岸壁で小アジを釣っていたら、その隣では100％釣れる。小アジは大きな群れを作って回遊するから、隣に人が増えたくらいで前からいる釣り人の取り分が減ることはない。むしろ撒き餌が小アジの群れを止めてくれるから歓迎されていい。

釣れている場所では、翌日行っても大丈夫。次の週でも釣れるだろう。ただ、ときが経てば群れはどこかに行ってしまう。

小アジ丼

小アジの刺身

小アジの吸い物

小アジの南蛮漬け

小アジの一夜干し

小アジ一夜干しの塩焼き

釣り日誌をつけておけば、翌年もおそらく同じ時期に釣れるとみていい。

料理の下拵えで取り出した内臓には撒き餌が詰まっている。それに加えて、頭や骨などのアラもでる。これを細かく砕けば次回のエサになる。うまく回せば、ひと夏エサを買わずに釣り続けることができる。

【釣り方】サビキ釣り。朝夕に岸に近寄って来る。少し大きめの小アジはウキをつけて沖目を探る。

【食べ方】撒き餌が内臓にたまっているから取り除く。あごの下をはずし、内臓を丸ごと取れば、下拵えは素早くできる。唐揚げにして南蛮漬けが定番だ。一晩酢に漬かった南蛮漬けは極上。魚は脂の乗った大人の魚がおいしいものだが、アジだけは違う。小さいほどおいしいのだ。小アジを三枚にすると片身が刺身一切れにしかならないが、ネギとともにご飯に載せ、醤油で食べれば絶品というほかない。

クロホシイシモチ（テンジクダイ科）　黒星石持

Apogon notatus

分布：伊豆半島以南の沿岸の岩礁域　　全長：10cm

クロホシイシモチ（2011.8.21 鹿児島市）

鹿児島湾内の船だまり

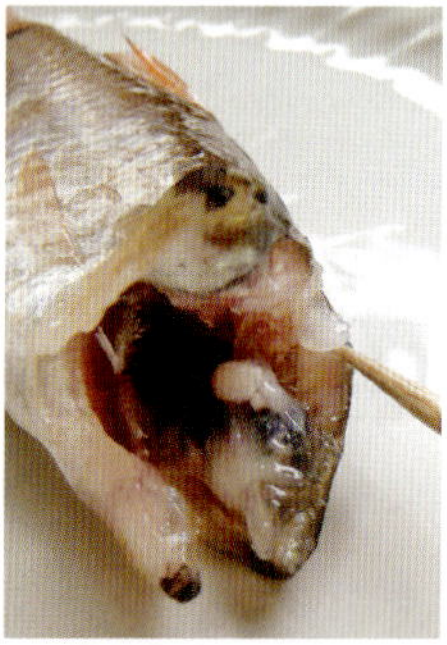

頭を後ろに折れば石がある

下拵えの済んだクロホシイシモチ

クロホシイシモチの唐揚げ

クロホシイシモチの南蛮漬け

クロホシイシモチの背越し

真冬は水温の高い深場に移動するが、それ以外は普通に岩場、堤防に群れる。目の後ろに黒点のないネンブツダイ（*Apogon semilineatus*）と親戚だが、本種の方が暖海性で、より浅い所にいる。両種とも、鹿児島では金魚と呼ぶ。

小アジのサビキ釣りなど、岸壁で釣りをしていると必ず釣れる。撒き餌に何百匹と群れて無限に釣れるが、大抵はリリースして持ち帰る人はいない。だが､食べるべし。おいしく食べるポイントは２つ。頭にかたい石があるので取り除く。撒き餌がおなかにたまっているので内臓も取り除く。

本種は口内保育という習性を持つ。産卵後、卵を孵化するまでオスが口にくわえて保護し、その間、何も食べないのだ。

【釣り方】 サビキ釣りなど。

【食べ方】 頭を後ろ向きに折れば石が見える。頭もろとも取り除く。内臓と鱗を取り、南蛮漬け。背越しも酢味噌で食べてみたい。

オオスジイシモチ（テンジクダイ科） 大筋石持

Apogon doederleini

分布：千葉県以南の沿岸の岩礁域　全長：11cm

岩場、堤防で、チヌ釣りや小アジのサビキ釣りなどの外道で釣れる。ネンブツダイの親戚だが、ネンブツダイやクロホシイシモチよりも少ない。4本の黒い縦線と尾鰭のつけ根の黒斑が目立つ。

本種も口内保育の習性を持つ。

【釣り方】サビキ釣りなど。

【食べ方】頭の石を取り除く。内臓と鱗を取り、唐揚げや南蛮漬け。背越しも酢味噌で食べてみたい。醤油でもいい。

オオスジイシモチ（2014.9.15 阿久根市）

オオスジイシモチの背越し

ヨコスジイシモチ（テンジクダイ科） 横筋石持

Apogon cathetogramma

分布：神奈川県以南の沿岸の岩礁域　全長：12cm

カサゴの穴釣りの際にかかってくる。カサゴと同様、岩陰に潜むエビやカニを主な食べ物にしているからだ。

カサゴほど数がまとまるわけではないが、せっかくの釣果だから味わいたい。頭が大きく可食部は多くはないが、白身で塩焼きなどはおいしく味わえる。

本種も口内保育という習性を持つ。

【釣り方】穴釣り。カサゴ釣りの外道。

【食べ方】きれいな白身。塩焼きにすると身がポロリと剥がれる。

ヨコスジイシモチ（2010.11.14 鹿児島市）

鹿児島湾内の岩礁地帯

ヨコスジイシモチの塩焼き

リュウキュウヨロイアジ（アジ科） 琉球鎧鰺

Carangoides hedlandensis

分布：南日本の沿岸域の浅所下層　全長：20cm

夏から秋にかけて生き餌に食いついてくる。夏場に北上するが、水温の低下する冬場には消えてしまう南方系のアジ類の幼魚。ロウニンアジ（*Caranx ignobilis*）の幼魚も同様。マアジほど身に旨味はないが、身がかたくあっさりしている。

【釣り方】ルアーで専門に狙うか、チヌのぶっこみ釣りや、キスの投げ釣りの外道。

【食べ方】塩焼き。身がかたい分ポロリと剥がれ、甘みのある味が楽しめる。みりんと醤油の煮付けもいい。刺身はコリコリした食感で上品な味。

リュウキュウヨロイアジ（2011.10.9 日置市）

ロウニンアジ（2011.10.9 日置市）

リュウキュウヨロイアジの塩焼き

リュウキュウヨロイアジの煮付け

クロサギ（アメ）（クロサギ科） 黒鷺

Gerres equulus

分布：佐渡、房総半島以南の沿岸砂底域　全長：25cm

クロサギ（2010.9.30 鹿児島市）

内湾の防波堤

クロサギ

クロサギの塩焼き

クロサギの煮付け

クロサギの刺身

鹿児島ではアメと呼ぶ。内湾のチヌのぶっこみ釣りやウキ釣り、キス釣りの外道として掛かってくる。引きは大きく楽しめるが、本命ではないので「なんだアメか」とがっかりする。

数多く釣れ、生息数は多いのだが本種を目的に狙う人はいない。大きい鱗がはげやすく、身がやわらかいので下の魚とみられているのかもしれない。しかし、塩焼きは「なぜこんなにおいしいの？」と言いたくなるほどおいしい。キンギョ（クロホシイシモチやネンブツダイ）とともに光を当てたい魚の一つだ。

唇を引っ張れば、驚くほど伸びる。海では、唇を伸ばしながら海底の小さな生き物を食べていると察しが付く。

【釣り方】チヌのぶっこみ釣り、ウキ釣り、キス釣りの外道。

【食べ方】塩焼きが絶品。煮付けもいい。刺身はあまりしないが楽しめる。

マダイ（タイ科）真鯛

Pagrus major

分布：北海道以南の岩礁域や砂礫域　　全長：25 ～ 80cm

マダイの幼魚（2011.10.9 日置市）

外洋に面した防波堤がいい

チヌ釣りの外道として釣れたマダイ

マダイの刺身

マダイの塩焼き

マダイの煮付け

成魚は船釣りか、遠投するウキ釣りで釣る。堤防や防波堤では、10 ～ 20cm の幼魚がアジのサビキ釣りやキス釣り、チヌ釣りの外道として食いついてくる。それでも「小さくてもタイ」。桜色の魚体に青く光る斑紋も点在している。見ていて飽きない。

稚魚の放流を熱心に行っている周辺の堤防などには、小さなタイのイラストとともに「ボクを海に返してね―10cm 以下のマダイは逃がしましょう―」などと看板がかかっている。釣針がわずかに刺さっているならともかく、エサを飲み込んで傷ついてしまっていたら、リリースしても死んでしまう。持ち帰ってちゃんと頂いてこそ、魚も往生できるというもの。

【釣り方】アジのサビキ釣り、チヌのぶっこみ釣り、ウキ釣り、キス釣りの外道。

【食べ方】大きめは刺身。身はやわらかいが、タイ独特の風味が小さくても味わえる。塩焼きや、みりんと醤油の煮付けもいい。

クロダイ（チヌ）（タイ科） 黒鯛

Acanthopagrus schlegelii

分布：北海道以南の沿岸の浅所、河口、汽水域　　全長：40cm

クロダイ（2010.11.20 日置市）

各地でチヌと呼ぶ。チヌ釣りの人気は、いぶし銀の魚体の美しさに由来すると思われる。釣り上げた魚をしみじみ眺めるとほれぼれする。顔つきは意志の強ささえ感じさせる。鰭も大き過ぎず小さ過ぎず。見る人間に合わせたわけではなかろうが、完ぺきなバランスを保つ。

チヌより塩分濃度の低い所で釣れ、腹鰭、臀鰭や尾鰭下葉の下部が黄色いキチヌ（キビレ *Acanthopagrus latus*）は魚体が白銀に輝き、いっそう美しい。

鹿児島では、夏から冬にかけて防波堤や岸壁に群れが寄る。

【釣り方】撒き餌を多投する大物狙いの釣り方は専門誌に譲る。初心者や子供に手ごろな釣り方はモエビやゴカイを餌にしたぶっこみ釣りだ。実績のあるところでは、毎年同じ場所で同じ時期に釣れるとみていい。５号程度の中通しのオモリに道糸を通してサルカンに結び、１号程度の細いハリ

各地の防波堤に釣り人がいる

クロダイ（2010.11.14 日置市）

キチヌ（2011.10.9 日置市）

クロダイの味噌汁

刺身で出たクロダイのアラ

クロダイの刺身

クロダイの塩焼き

クロダイの煮付け

スを 1.5 ～ 2 m、1 号以下の小さなチヌ針に生き餌をつけて放り込んで当たりを待つ。このとき、道糸を張り気味にしておくと穂先に当たりが来たのがわかる。穂先の軟らかな 1 号の磯竿がいい。

海底が砂地で平らなら、同じぶっこみ釣りの仕掛けで、投げ込んでからゆっくり引いて探る方法もある。

底近くを流すウキ釣りも趣があっていい。撒き餌がなくても、いる場所では釣れるが、オキアミとパン粉を少量の海水で練った撒き餌を撒くと、より効率的に釣れる。

【食べ方】刺身。特別な魚を頂くという渾身の感謝をささげてから味わおう。クロダイ独特の味が口の中に広がってくる。刺身で出たアラは味噌汁の出汁に最適。頭や皮、骨の周辺の残った身もおいしい。塩焼きは多めの塩がいい。焼きたてのチヌに、さらに少し醤油を垂らせば極上の味が楽しめる。煮付けも、もちろんおいしい。

ヘダイ （タイ科） 平鯛

Rhabdosargus sarba

分布：南日本各地の沿岸の岩礁域　　全長：35cm

ヘダイ。左上３尾はクロダイ（2010.11.20 日置市）

チヌ釣りと同じ防波堤

ヘダイ（2010.11.14 日置市）

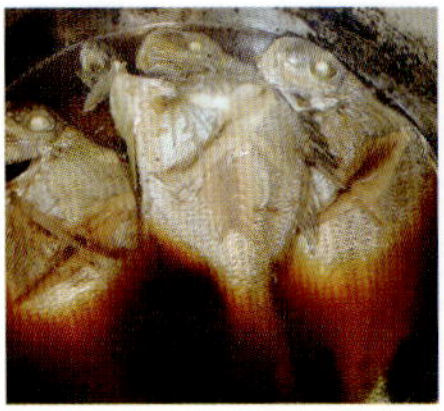

ヘダイをゆっくり煮付ける

ヘダイの煮付け

ヘダイの刺身

ヘダイの塩焼き

成魚はチヌより沖合にすむが、幼魚は塩分濃度の低い沿岸域に入る。チヌの幼魚と棲息環境が重なり、チヌ釣りのとき同時に釣れる。

魚体は銀白色で、チヌよりも白っぽいから、鹿児島ではシロチヌという。チヌより体高が高く、縦に黄色い線が何本も入る。顔つきは丸く美形とは言えないが、味はチヌに負けず劣らずで、釣果は大切にされる。チヌ独特の味を磯臭いという人もいるが、本種は一切の臭みがなく、チヌよりもうまい、という人が多いくらいだ。

【釣り方】チヌのぶっこみ釣り、ウキ釣りの外道。

【食べ方】一押しが煮付け。身がチヌよりもかたく締まっているためか、型崩れしにくく、きれいに煮付けられる。塩焼きや刺身もいい。刺身はチヌより一枚上手の上品な旨味がある。

スズメダイ （スズメダイ科） 雀鯛

Chromis notatus

分布：秋田、千葉以南の沿岸の岩礁域　　全長：15cm

スズメダイ（2013.9.15 鹿児島市）

スズメダイの唐揚げ

スズメダイの刺身

スズメダイの背越し

スズメダイの煮付け

奄美では本種の仲間をまとめてヒキという。それほどなじみ深い魚である。代表的な食べ方は唐揚げ。揚げた魚を頭から骨まで丸ごと、おやつ代わりに食べる。旬は夏、産卵前の卵の入ったヒキは、それはそれはうまい。

沿岸の岩礁地帯や防波堤周辺に群れている。チヌ釣りの撒き餌に集まるが、口が小さいためまず釣れない。餌取りと言って嫌われる。

【釣り方】小アジのサビキ釣りで外道として釣れるが、小さい袖針にイカの切り身や海辺で採った巻貝の身をつけたら面白いように釣れる。ソーセージでもいい。

【食べ方】唐揚げがイチ押し。鱗と内臓を取り丸ごと塩をする。30分たち塩が回ったころ、水けをふき取り油の中へ。強火できつね色になるまで揚げる。塩をして酢に漬けた後に揚げれば、もっと骨が軟らかくなる。刺身や背越しも、なかなかいける。

カゴカキダイ（カゴカキダイ科）駕篭担鯛

Microcanthus strigatus
分布：南日本の沿岸の岩礁域　全長：20cm

黄色地に黒い縦しまが5本入る。きれいな魚体は観賞用の熱帯魚のようだ。岸壁からのアジ狙いのサビキ釣りやチヌのウキ釣りの外道として釣れる。口が小さいのでなかなか釣れないが、釣れたら是非持ち帰って食べてみたい。小さいながらも刺身にすれば実においしい。適度に脂がのって旨味がある。
【釣り方】小アジのサビキ釣りやチヌ狙いのウキ釣りの外道として釣れる。
【食べ方】刺身で味わってほしい。脂がのってうまい。

カゴカキダイ（2010.10.16 鹿児島市）

カゴカキダイの刺身

コトヒキ（シマイサキ科）琴弾

Terapon jarbua
分布：南日本の沿岸域から汽水域　全長：50cm

本種の幼魚は1cmの赤ちゃんから10cm程度までは河口に群れをなしてすむ。大きくなると海に出るが、塩分濃度の低いところを好む。最大50cmほどにも成長する。
動く餌に敏感に反応して食いつく。キス釣りの外道として稀に釣れる。
【釣り方】キスの投げ釣りの外道。
【食べ方】皮がかたいので塩焼きがお勧め。刺身や煮付けもいい。骨がかたいので注意。

コトヒキ（2010.9.23 鹿児島市）

シマイサキ（シマイサキ科）縞鶏魚

Rhyncopelates oxyrhynchus
分布：南日本の沿岸域から汽水域　全長：30cm

同じ科のコトヒキに印象が似るが、本種は口がとがり、縦の帯の間に不明瞭な帯が引かれるので区別できる。
幼魚は河口域に暮らす。河口でウナギ捕り用の竹筒に潜んでいる本種の幼魚を、大量に捕ったことがある。成魚も塩分濃度の低いところを好む。コトヒキと同様に釣りあげたとき「グゥグゥ」と鳴く。
【釣り方】キスの投げ釣りの外道。
【食べ方】骨がかたいので注意。唐揚げ、塩焼きがいい。刺身も身が硬くておいしい。煮付けもおいしくいただける。

シマイサキ（2012.4.10 日置市）

シマイサキの唐揚げ

メジナ（クロ）（メジナ科）　眼仁奈

Girella punctata

分布：新潟、千葉以南の沿岸域の岩礁域　　全長：35cm

本種もチヌと同様、撒き餌を多投する本格的磯釣りの対象魚として人気が高い。身が締まってかたく、どんな料理にも合う。家族連れの防波堤釣りでは、小アジ狙いのサビキ釣りに、うれしい外道として稀に釣れてくる。

撒き餌カゴをつけた根周りの遠投釣りでは、イスズミ（*Kyphosus vaigiensis*）などとともに大型が食いついてくる。

【釣り方】アジ狙いのサビキ釣りの外道。

【食べ方】刺身は極上にランクしていい。身が硬くプリプリしている。煮付けや塩焼き、適度に脂がのって、旨味が強いので、どんな料理でもおいしくいただける。

メジナ（2011.8.21 鹿児島市）

メジナの唐揚げ

メジナのアラの煮付け

アカササノハベラ（ベラ科）　赤笹之葉倍良

Pseudolabrus eoethinus

分布：相模湾以南の沿岸の岩礁域　　全長：20cm

岩の下や隙間にすみ、小魚を 2cm 程度にちぎった餌で釣るカサゴ釣りの外道として掛かってくる。同じところには何匹かいて、一匹掛かったら、もう一匹は釣れる。

本種とホシササノハベラ（*Pseudolabrus sieboldi*）は、以前は同一種として扱われていた。目の後ろの黒い線が胸鰭に伸びるのが本種で、ホシササノハベラはまっすぐ縦に伸び、名の由来である白い斑点が星のように点在する。本種はヌメリがあるが、鱗を取り除いて洗えば気にならなくなる。

【釣り方】カサゴ釣りの外道。

【食べ方】身がやわらかいので、塩焼きがお勧め。皮が剥きにくいが、刺身もきれいな白身でおいしくいただける。煮付けもいいが、骨がかたいので注意。

アカササノハベラ（2013.5.6 鹿児島市）

アカササノハベラの煮付け

岩礁地帯に潜む

アカササノハベラの刺身

アカササノハベラの背越し

アイゴ（アイゴ科）藍子・阿乙呉

Siganus fuscescens

分布：下北半島以南の岩礁域やサンゴ礁域、藻場　全長：30cm

アイゴ（2010.11.20 日置市）

外洋に面した防波堤

アイゴの背鰭をハサミで切る

腹鰭をハサミで切る

臀鰭をハサミで切る

雑食性でエビカニの甲殻類やゴカイの仲間などを食べるが、海藻もよく食べるため磯臭いと嫌う人もいる。だが、釣ったその場で腹を開き内臓を取り出して海水で洗えば、すぐに高級魚に変身する。釣ったその日なら、家でさばいても問題はない。

皮に鱗がなくツルンとしていて、馴染みのない人には手が出にくいだろうが、間違いなくおいしい魚の一つである。

ただ、背鰭・腹鰭・臀鰭の棘には毒があるから注意したい。

何十年も前、毒があることを知らず、普通にさばいていてひどい目に遭ったことがある。魚はとっくに死んでいた。生きていようが死んでいようが関係ない。指先を刺したその時は気付かないくらいなのだが、5分、10分経つと指から手のひらまで重い痛みが襲ってくる。重いからつい振ってみるが痛みは去らない。どうなることかと心配したが、2時間ほどで痛みは治まった。

アイゴのカルパッチョ

アイゴの刺身

アイゴの煮付け

後で知ったが、刺したら毒を吸い出し、さらに患部を 40 ～ 60 度のお湯に浸ければ、毒が不活性化し、痛みは和らぐという。

腹を開く前に、鰭はすべてハサミで切っておけば安心だ。ハサミは常備したい。

奄美・沖縄では 2cm 程度の稚魚の群れが初夏、大潮に乗って浜辺に寄る。それを一網打尽にして塩辛にする。スクガラシュといい、瓶詰にして売られている。鹿児島では 15cm の群れが数千、数万と防波堤に寄ってきたのを目撃した。

【釣り方】アジのサビキ釣りやチヌのウキ釣りの外道として釣れる。鰭の棘に毒があるからハサミで切っておく。

【食べ方】刺身は絶品。身が硬くプリプリしており、独特の旨味がある。皮を引かず、軽く皮を焼いて刺身にすれば、皮も味わえる。塩焼きや煮付けも文句なくうまい。沖縄ではマース煮（塩煮）にする。塩だけで引き出した魚の旨味をぜひ堪能したい。

マサバ（サバ科） 真鯖

Scomber japonicus

分布：日本近海沿岸の表層　　全長：40cm

マサバ（2011.8.21 鹿児島市）

小アジのようにいつも釣れるわけではないが、夏から秋口にかけて、港内にマサバの幼魚の群れが入り込んで来るときがある。馴染みの場所をもっていると、小サバが釣れているよー、と知り合いが教えてくれる。アジのサビキ釣りと同じ仕掛けで、簡単に面白いように釣れる。

サバにはマサバとゴマサバ（*Scomber australasicus*）の2種類あり、腹に暗色点が散らばっていて、尾鰭が黒っぽいのがゴマ、暗色点がなく、尾鰭が黄色いのがマサバ。厳密に区別したいときは、背びれの棘が11、12本ならゴマ、9、10本ならマサバとなる。いずれにしても、食べる分には違いがないから気にしなくていい。

さすがに子供だから、脂の乗りはいまいちだが、サバはサバ。ネギの千切りをまぶした刺身をご飯に乗せて醤油を垂らせば、贅沢な小サバの海鮮丼一丁、となる。ひと手間かけてシメサバにしてもいい。

小サバの刺身

マサバの幼魚が回遊する岸壁

マサバ

小サバの唐揚げ

小サバの南蛮漬け

小サバのシメサバ

小サバのシメサバ海鮮丼

いずれにしても、小サバが回っているという情報を得たら、すぐに出向きたい。やがてどこかに去って影も形もなくなる。

サバには、アニサキスという寄生虫がいる場合がある。飲みこんでしまえば胃に食いついて激痛に苦しみ、医者に内視鏡で取り除いてもらうことになる。生存期間の長い成魚ほどアニサキスをもつ可能性が高い。肉にもいるが主に内臓にいて、常温で放置すれば肉に移動する。堤防釣り師は主に幼魚釣りで新鮮なうちに料理するからあまり心配ないが、さばくとき内臓を注意して見よう。火を通せば問題ない。

【釣り方】小アジのサビキ釣りと同じ仕掛け。サバの生き腐れというから、氷はクーラーボックスの中に必ず入れておく。

【食べ方】ネギの千切りをまぶした海鮮丼がお勧め。シメサバは、三枚におろして塩を振って1、2時間、水気を拭いて酢に漬けること1、2時間で出来上がる。

カワハギ （カワハギ科） 皮剥・鮍

Stephanolepis cirrhifer

分布：北海道以南、東シナ海の水深 100 m以浅の砂地　　全長：20cm

カワハギ（2013.10.20 いちき串木野市）

毎年カワハギの子が姿を見せる岸壁

小さい針を付けた胴突き仕掛け

針が隠れるくらい小さめに付ける

岸壁での釣りやすさとおいしさで、魚の中で一、二を争うと言っていい。カワハギは普段岸壁では見かけない。気温がぐっと下がってくる秋口に岸壁に寄ってきて、貝やゴカイをつついている。見かけたら、今年もやってきたねカワハギ君と、声をかけたくなる。一度見かけたら、別な場所でも同様に寄ってきていると考えていい。

もちろん大きくはない。せいぜい手のひら級。それでも、ちゃんとキモは育っているし、身も刺身を味わうだけの量は取れる。何と言っても、このキモが絶品だ。刺身も上品な白身で、最上級。秋になれば岸壁に出かけ、さあ、カワハギ釣りだ。

【釣り方】仕掛けのポイントは、できるだけ小さな針を使うこと。袖針か、カワハギ針がいい。ハリスの太さは関係ない。針に2、3 号のハリスを 5cm くらい付け、幹糸に結ぶ。餌取りが上手だから、20cm おきくらいに 3、4 本の針を結ぶ。一番下には

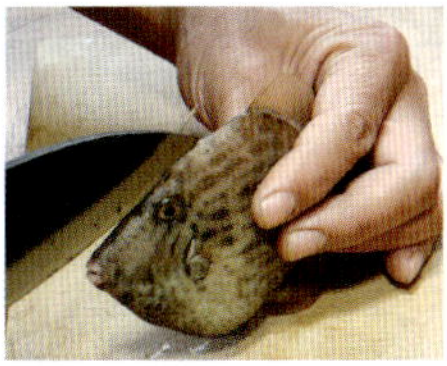
口の上に切れ目を入れる

切れ目から皮を剥ぐ

きれいに剥げるからカワハギ

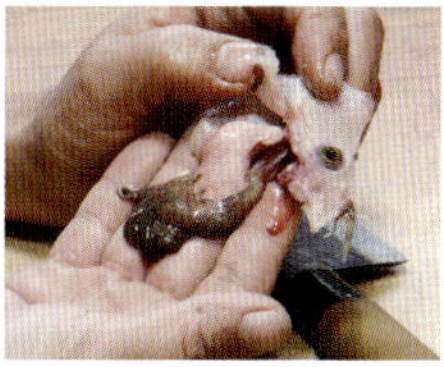
キモを取り置く

カワハギのキモあえ刺身

内臓は捨てる

頭と骨は鍋や味噌汁の具に

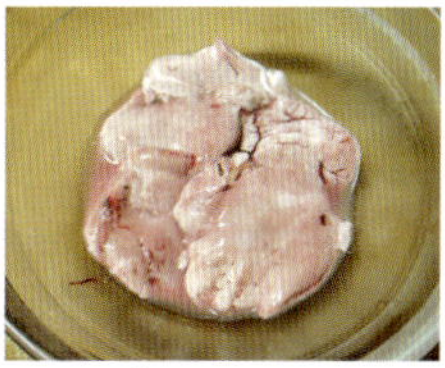
カワハギのキモ

カワハギの刺身

カワハギの煮付け

カワハギの味噌うどん

10 号のオモリをぶら下げ胴付き仕掛けにする。アジのサビキ釣りを代用してもいい。

餌は近くの海岸で巻貝を拾ってきて石で割る。面倒な時はアサリのパックを店で買う。割った貝殻は、目の前の海に投げれば撒き餌になってカワハギを寄せる。

貝の身を針が隠れるくらい小さめにつけ、いそうな場所に投げ入れ、底からオモリを 30cm くらい上げる。口が小さく餌取りがうまいから、必ず細かくしゃくって空合わせをする。餌がなくなれば、そこにはカワハギがいる。

【食べ方】口の上に切れ目を入れて皮を剥く。目と鰭を残してきれいに剥げるから、カワハギ。次にキモを取り置く。キモは刺身にあえれば極上の味が楽しめる。そのまま、あるいは湯通しして、少しの醤油を垂らしてちびちび食べるのもいい。身は刺身。残ったアラは、鍋の具か味噌汁の具にいい。いい出汁が出る。

シロサバフグ（フグ科） 白鯖河豚

Lagocephalus spadiceus

分布：北海道〜鹿児島、東シナ海の沿岸　　全長：25cm

シロサバフグ（2010.10.23 日置市）

シロサバフグが寄った岸壁

シロサバフグの棘は背鰭まで達しない

腹ごと頭を切って皮を剥く

シロサバフグの刺身（自己責任）

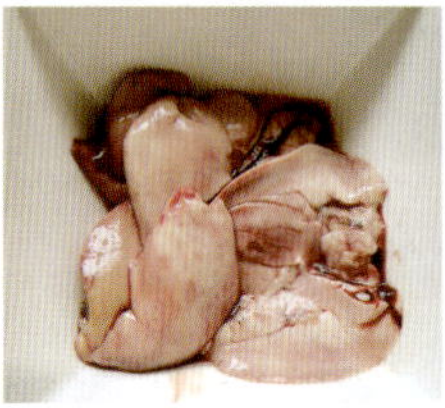

シロサバフグのキモ（厚労省は禁止）

シロサバフグの味噌うどん（自己責任）

シロサバフグの煮付け（自己責任）

この魚も年中いるわけではない。秋口に岸辺に寄ってきたりする。岸壁釣り師たちは、釣れても食べられないと思って、ポイポイそこらに投げ捨てている。ああもったいない。刺身にすれば絶品のフグだ。

よく似たドクサバフグ（*Lagocephalus lunaris*）には注意。背の棘が、背鰭まで達するのがドク、頭の周辺に止まっているのが、食べられるシロサバフグやクロサバフグ（*Lagocephalus gloveri*）。ちなみに、シロは尾鰭の下３分の１が白っぽく、湾曲は一重。クロは尾鰭が黒く二重湾曲する。

シロサバフグのキモは田舎の漁村では普通に食べてきたが、厚生労働省はフグ類のキモを全面的に禁止している。長崎大学の調査で、6%のキモに微量の毒が検出されたという報告がある。すべて自己責任だ。

【釣り方】 チヌのウキ釣り、ぶっこみ釣り、キスの投げ釣りの外道。

【食べ方】 刺身。鍋の具や煮付けもいい。

ゴンズイ （ゴンズイ科） 権瑞

Plotosus japonicus

分布：本州中部以南の沿岸の岩礁域　　全長：20cm

ゴンズイ（2010.12.4 日置市）

背鰭の毒棘を切る

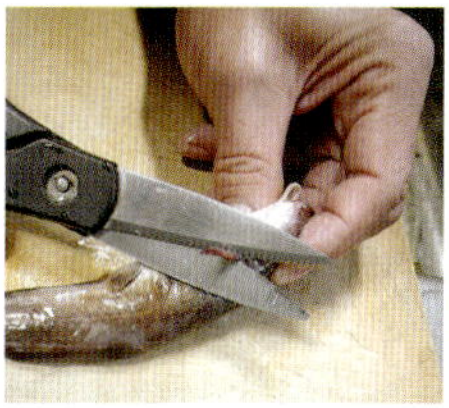

胸鰭の毒棘を切る

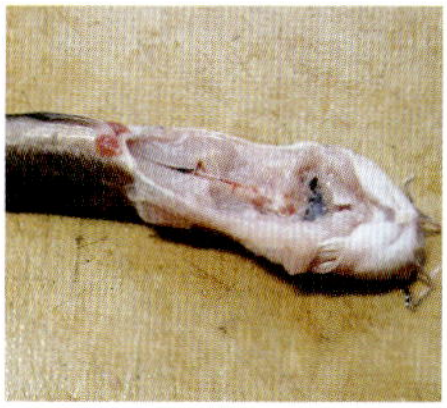

腹を開いて内臓を取り下拵え

ゴンズイの煮付け

毒のある魚は嫌われるが、ゴンズイはクサフグと並んで冷遇される。背鰭と胸鰭に毒があるので、釣り人は、釣れたらハリスごと切ってしまう。背鰭の棘は硬く強力で、死んでも毒は健在だから、ポイされたゴンズイをビーチサンダルなどでうっかり踏んでしまったら目も当てられない。

刺されたら、毒を絞り出し、やけどギリギリの熱いお湯に１時間ほど浸ける。タンパク毒だから不活性化する。

でも、毒のある棘を３本、ハサミで切ってしまえば、おいしい魚に変身する。上品な白身で小骨もなく、煮付けにすれば絶品となる。

【釣り方】チヌのウキ釣り、ぶっこみ釣りの外道。夜行性なので特に夜釣りでかかる。

【食べ方】身がやわらかいので煮付けがあう。砂糖醤油で煮込んだら、ウナギのかば焼きのような味が楽しめる。

アオリイカ（ミズイカ）　（ヤリイカ科）　障泥烏賊

Sepioteuthis lessoniana

分布：北海道南部以南の沿岸から近海　　全長：15 ～ 35cm

アオリイカ（2013.9.8 鹿児島市）

エギ

イカ墨の跡は釣れた証拠

ネンブツダイなどの小魚を生き餌に

上あごに針を通し、下には引っ掛け針

イカの中でも甘みが強く、とりわけおいしいのがアオリイカ。鹿児島ではミズイカと呼び、夕方から夜にかけて、岸壁から手軽に釣れるので馴染みが深い。

釣れたては刺身だが、イカ墨を味噌汁に溶いたイカ墨汁は、奄美ではマダ汁と呼んで人気が高い。栄養価も高く、コクもある。釣り師の特権は、内臓の塩辛だ。

夏の終わりから釣れるのは、15cm 程度のハナイカと呼ばれる子供。秋が深まるにつれ 20cm、25cm とサイズアップする。年を越して厳寒期は、こちらも寒いから行かないが、イカも深場に行って岸壁から姿を消す。春になると、今度は産卵のためにキロ級の大型が岸辺に寄る。だが、たくさんの卵を持つイカを釣るのは心が痛む。1匹かそこらで満足しよう。

【釣り方】エギ（イカ用の疑似餌、ルアー）釣りが最近とみに人気になってきた。秋口に防波堤に行けば、エギをしゃくる釣り師

アオリイカの刺身

釣れたては足も透き通る

アオリイカの墨袋

アオリイカのイカ墨汁

アオリイカの塩辛

に出会う。上手な人に見習えばいい。だが、エギは根掛かりしやすいのが難点。イカを魚屋で買った方が安くつく。

生き餌釣りが、その点安上がり。夕方の明るいうちにネンブツダイなどの小魚を釣ってバケツに生かしておき、泳がせ釣りの生き餌とする。一番下に引っ掛け針を付ける。15cmほど上に生き餌を上あごに刺すチヌ針4号程度を付ける。それだけ。仕掛けの長さは1mあればいい。ウキは5号の電気ウキ。ウキ下は3、4mは欲しい。

【食べ方】新鮮なイカだ。刺身で味わう。ゲソや鰭は、甘辛く醤油で煮つける。墨袋は取り置いて少量の水に溶かして、味噌汁に。塩味のイカ墨汁もいい。

塩辛の作り方は簡単。刺身で取り除いた内臓やゲソ、鰭や頭などを細かく切って醤油と混ぜ合わせ、冷蔵庫に入れておく。2、3日もすればしっとり馴染んで、おいしい塩辛の出来上がり。ぜひ挑戦してほしい。

シロギス （キス科） 白鱚

Sillago japonica

分布：北海道南部～九州の沿岸の砂底　　全長：20cm

シロギス（2010.5.29 日置市）

なんて美しいのだろうと、釣りあげたキスにため息をつく。パールピンクの魚体は、魚体の大小に関わらず清楚に光り輝く。

春先から砂浜に寄り始め、梅雨を過ぎ夏になればキス釣りは最盛期に入る。群れが大きいと、5本針に5匹釣れることもある。腕と運で、ほんの1時間で50匹、100匹とものにできる。ポイントは、当たりがあっても、追い食いを待つこと。潮どきは、上げの6分から満潮がいい。昔は干潮の時、河口の岩の多い場所でゴカイを掘り、それを餌に釣るものだった。最近ではゴカイは買うものになった。ここでも、手間と時間を引き換えに大事な生活技術を失ってしまった。

【釣り方】投げ竿で、ジェット天秤のオモリ、3～5本の枝ハリスを付けた仕掛けを付け遠投する。ゆっくり巻いて当たりを待つ。

【食べ方】天ぷら、塩焼き、刺身。小骨もなく、上品な白身で極上の味わい。

シロギスの刺身

シロギスが寄る上げ潮の砂浜、5月

防波堤は冬でも釣れる。澪筋を狙う

美しいシロギス

シロギスの塩焼き

シロギスの天ぷら

昔は自分で掘った餌のゴカイ

ネズミゴチ （ネズッポ科） 鼠鯒

Repomucenus curvicornis

分布：宮城県、新潟県以南の沿岸の砂底　　全長：17cm

　キス釣りの外道で釣れる。鹿児島ではゴッバババと呼ばれ、いかにも邪魔者扱いだが、顔に似ずこれがうまい。絶対に持って帰るべし。小さいが刺身にすれば、身がかたく、きれいな白身でコクもある。焼いてもポロリと身が剥がれ、コクのある身が楽しめる。隠れたゴッバババファンも多い。天ぷらネタとして、関西、関東では珍重される。

【釣り方】キス釣りの外道で釣れる。
【食べ方】天ぷら、塩焼き、刺身。

ネズミゴチ（2010.6.6 日置市）

ネズミゴチ

ネズミゴチの塩焼き

キンセンガニ （キンセンガニ科） 金線蟹・金銭蟹

Matuta victor

分布：房総半島以南の沿岸の砂底　　全長：4 ～ 7cm

キンセンガニ（2011.8.29 日置市）

干潮時には砂浜にプールができる

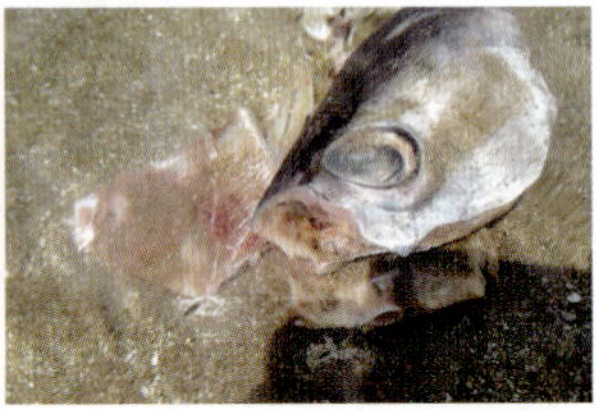

魚のアラを置くと、キンセンガニが集合する

砂ごと網ですくう

キンセンガニの塩茹で

キンセンガニの味噌汁

キンセンガニの塩茹でパスタ

キス釣りのときゴカイに食いついてくる外道としてお馴染みだが、このカニの効率的な捕り方は意外と知られてはいない。広い砂浜では、潮が引いたらプールのような大きな水たまりができる。このプールは、のんびりしていて取り残されたキンセンガニの宝庫なのだ。

魚のアラか、庭で潰した鶏の頭をプールに投げ込む。しばらく経つとあちこちから集合してくる。30 分も経てば大集会となる。砂ごと網ですくえばいい。クーラーボックスは、あっという間にキンセンガニでいっぱいになる。

【捕り方】キス釣りの外道。狙って捕るなら、干潮時に砂浜にできたプールに魚のアラなどでおびき寄せ、網ですくう。

【食べ方】 塩茹で。味噌汁。淡白で物足りないかもしれないが、こんなものだと思って味わおう。

オキアサリ（マルスダレガイ科） 沖浅蜊

Gomphina semicancellata

分布：房総半島以南の砂浜　殻長：4.5cm

オキアサリ（2010.5.20 薩摩川内市）

干潮時、斜面際の平坦面を探す

様々な模様がある

オキアサリの吸い物

オキアサリの味噌汁

オキアサリのパスタ

次頁に紹介するナミノコガイは砂浜潮間帯の上〜中部にいるが、本種は下部にいる。砂浜は潮が引けば、斜面の下部に平坦な面が広がる。本種は斜面際の平坦面にいる。そのあたりの砂質は小石交じりで粗い。鹿児島ではイシゲ（石貝）と呼ぶが、この生息環境を表している。かたい印象の平滑な貝殻がつややかで美しい。一つとして同じ模様はない。なかなか大量に採れる貝ではないが、海水浴で狙う貝の一つ。

本種にそっくりな種に、コダマガイ（*Gomphina melanegis*）がいるが、7cm ほどにもなり、後端がとがる。

【採り方】干潮時に現れる斜面の際の平坦面にいる。移植ゴテか、手ごろな貝殻で、10cm ほど砂を剥げば見つかる。

【食べ方】塩茹で。吸い物や味噌汁。くせがなく、それでいて濃厚な出汁が出るので人気がある。大量に採れたらバター焼きや、酒蒸しもいい。

ナミノコガイ （フジノハナガイ科） 浪子貝

Latona cuneata

分布：房総半島以南の砂浜　　殻長：2.5cm

ナミノコガイ（2010.8.15 薩摩川内市）

上げ潮時、波打ち際に打ち上げられた小石のように見える

砂に潜りそびれたナミノコガイ

ナミノコガイ

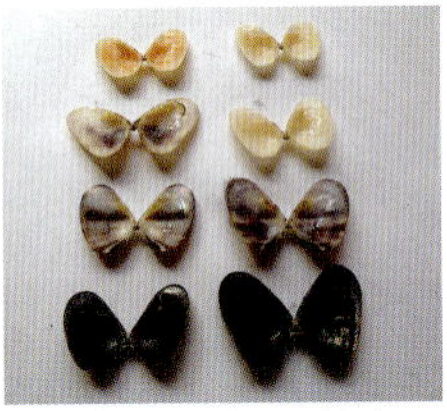

ナミノコガイの内側には紫が入る

外洋に面した砂浜で大量に採れる。といっても、以前はどこでも見られたが、最近では珍しいと聞いた。鹿児島にはまだ多い。

潮が満ちていくとき、波打ち際に小石がばらばらと打ち上げられているように見える。よく見ると、その小石は貝で、あわてて砂に潜っている。潜りきれなくて、突っ立ったままのやつもいる。でも次の波で、また少し上の方にもって行かれ、そこで潜る。このように波に身を任せ汀線を移動する。ナミノコガイの名はこの習性を表す。

鹿児島では、ナンゲ（波貝）と呼ぶ。満ち潮のときは上に移動し、引き潮のときは下に移動する。だが、平坦面まで下がることはない。干潮時は斜面の中ほどで砂に潜って潮の満ちて来るのを待つ。

【採り方】上げ潮のとき波打ち際で砂に潜りきれず突っ立った貝や潜る途中の貝を拾って歩けば、すぐに袋一杯採れる。潜ったやつでも足で砂をかき回せば次の波にさ

ナミノコガイの塩茹で

ナミノコガイをフライパンで茹でる

ナミノコガイの塩茹でとビール

ナミノコガイの吸い物

ナミノコガイの貝ご飯

ナミノコガイのソーメンのつゆ

らわれて、少し上で立つ。海水浴では、斜面の中ほどを 10cm 程度剥いで探す。

群れているので、いるところではたくさん採れるが、いないところには全くいない。

砂浜の貝は、砂抜きしなければじゃりじゃりしておいしくない。採った貝を海水と一緒にクーラーボックスに入れて帰れば、料理するころには砂は抜けている。

【食べ方】 塩茹で。少なめの海水と一緒にフライパンで茹でる。火が通れば殻が開くが、海水を煮詰め塩分が貝に移る頃合いを見計らって皿に盛る。塩が利いて酒のつまみにもってこいの一品となる。海水の塩加減が、塩茹でにはちょうどいい。

多めの海水で茹でれば、いい出汁が出る。茹で汁で貝の身と一緒にご飯を炊けば、おいしい貝ご飯ができる。鹿児島では、茹で汁を薄めて、醤油とみりん、砂糖で味を整え、ソーメンのつゆを作る。貝出汁仕立て、極上のつゆの出来上がりだ。

マテガイ（マテガイ科） 馬刀貝

Solen strictus

分布：北海道以南の干潟　　殻長：10cm

マテガイ（2013.4.27 出水市）

大潮の干潮の干潟

子供も大喜び

砂を剥いで現れる穴に塩を入れる

マテガイが出てくる

食糧増産や工業用地を名目にした埋め立てや干拓で日本中の干潟が消えてしまった今、マテガイのいる干潟は貴重だ。

鹿児島では出水市のツルの渡来地の近く、干拓地の先に干潟が広がっている。

3月の下旬、大潮の干潮になるとマテガイ採りの家族が何百人と繰り出す。地元だけでなく、県内各地から訪れる。どの海遊びもそうだが、一人で行くより大勢で行った方が絶対に楽しい。家族連れ、あるいは職場の仲間と数を競い、技を教えあう。潮が上がってくるまで夢中になる。

初心者は数本から数十本の収穫だが、地元のおじさん、おばさんたちは、大きな袋一杯、何百本も採って帰る。4、5月が盛期、6月の梅雨に入るとシーズンは終わる。

【採り方】マテガイのいるところには人が群れている。かつ地元の人がいるところがいい。道具は、クワ、塩、割り箸1本。まず、クワで数cmきれいに砂を剥ぎ取る。1cm

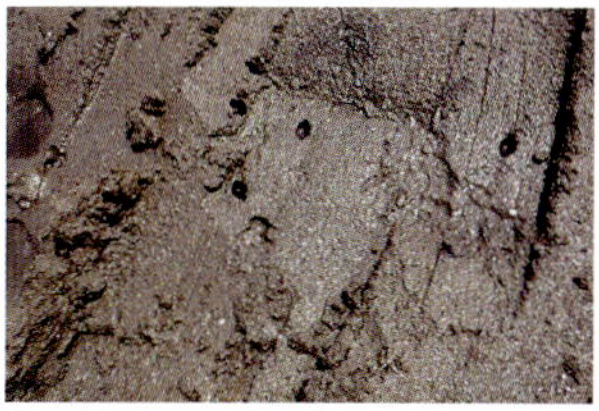

大量に採るならマテガイの穴を10～20個確保する

塩を振って出てきたやつを次々に取る

1回で確保したマテガイ10個以上

マテガイの塩焼き

マテガイの貝ご飯

マテガイの味噌汁

マテガイの吸い物

マテガイと野菜のバター炒め

程度の穴がマテガイの穴。穴に塩を振りかけると、ひょっこり出てくる。これを取るのが基本。ただ一つひとつ待っていても効率が悪い。何百本も採る地元の人は、まず広範囲に砂を剥ぎ、10～20個の穴を確保する。箱に入れた塩を割り箸の先につけながら次々に穴に突っ込んでいき、出てきたマテガイをヒョイヒョイと取る。取り損ねて引っ込んだやつは、まだ穴の出口近くにいる。周りの砂ごと引っ張り出す。

何百も確保できたら、家族で食べる分だけ小分けにして冷凍する。

【食べ方】塩焼きが一番。網に並べ火を通せば殻が開く。塩を振るだけでおいしいし、醤油を垂らせば風味も加わる。旨味の濃い身と内臓の甘みが絶妙なバランス。フライパンで火を通してもいい。海水の塩茹でも手軽。身はパスタなどの料理の具になる。貝ご飯もいい。大量に採れ、抜群にうまい。マテガイ抜きに貝は語れない。

ツメタガイ（タマガイ科）　研螺貝・津免多貝

Glossaulax didyma

分布：北海道以南の砂地　　殻高：5cm

ツメタガイの塩茹で（2012.5.4 出水市）

大潮の干潮の干潟

ツメタガイ

ツメタガイ

ツメタガイ（2013.5.25 出水市）

ツメタガイの塩茹での身ちらし寿し

ツメタガイの吸い物

ツメタガイの網焼き

マテガイ採りのおまけで採れる。マテガイの穴を探すために砂を剥ぐが、そのときこの貝も姿を見せる。黄色い貝殻はつやつやして美しい。磯のイボニシ類と同じく本種も肉食貝だ。砂地にいる貝の殻に穴をあけ、身を食べる。

塩茹ですれば眼が覚めるほどおいしい。まるで砂浜のサザエだ。

肉厚でふくよかな旨味がある。おまけで採れるので数はいかないが、数個採れれば十分夕食の一品となる。マテガイ採りの人の中にはこの貝がおいしいことを知らず、ポイしているのを見かける。おいしいことを教えてあげ、それでもいらないと言うなら、頂いて帰ろう。

【採り方】 マテガイ採りなどで、砂を 5cm 程度剥いでいけば見つかる。

【食べ方】 塩茹で。身は爪楊枝できれいに引き出せる。砂地のサザエと名付けたいほどおいしい。

ハマグリ （マルスダレガイ科） 蛤

Meretrix lusoria

分布：北海道南部〜九州の砂地　　殻長：8.5cm

マテガイのいる干潟にいる。貝の大きさといい、美しさといい、やはり貝の王様の風格十分。採ったその時から、濃い旨味たっぷりの吸い物が目に浮かぶ。

日本書紀にも記されるほど、ずっと昔から食べられ、どこにでもいたハマグリは、日本中の海岸からことごとく消えてしまった。今ではとても稀少となった。

よく似た種に、チョウセンハマグリ（*Meretrix lamarckii*）がいる。これも日本在来種である。チョウセンの方は三角形に近く、本種は丸い。また、内側の外套膜と閉殻筋が付着した位置にできる線、套線湾入がチョウセンでは大きく湾入し、本種ではわずかに湾入する程度である。

【採り方】河川の流入する干潟にいる。マテガイ採りなどで、砂を5cm程度剥いでいけば見つかる。出水の干潟ではハマグリ専門に狙う人もいた。いそうな場所にモリを突き刺し、ガリッと当たればそこを掘る。いそうな場所の見極めがポイントだが、筆者はマテガイ採りに忙しく挑戦したことはない。ご指南いただきたい。

【食べ方】吸い物。海水を薄めて火を通す。深い旨味を味わおう。酒蒸しや焼きハマグリも絶品。生食には向かない。

ハマグリ（2013.5.25 出水市）

大潮の干潮の干潟

ハマグリ

ハマグリの吸い物

焼きハマグリ

ハマグリのおひたし

ハマグリの内側、套線湾入が小さい

カガミガイ （マルスダレガイ科） 鏡貝

Phacosoma japonicum

分布：本州〜九州の砂地　　殻長：10cm

マテガイ採りで、ついでに見つかる。大きな貝の割に身は控えめ。物の本などにはおいしくないと書いてあるが、網焼きにして、醤油を垂らすと悪くない。せっかくだから、ちゃんと持ちかえろう。

殻がやわらかいためか、肉食貝に攻撃されたあとの小さな穴のあいた貝殻が転がっている。写真は、穴を開けられそうになったが、うまく逃げおおせたもの。

【採り方】マテガイ採りのおまけ。砂を5cm程度剥いでいけば見つかる。

【食べ方】網焼き。吸い物や酒蒸しも。

カガミガイの網焼き（2013.4.27 出水市）

マテガイ採りのおまけ

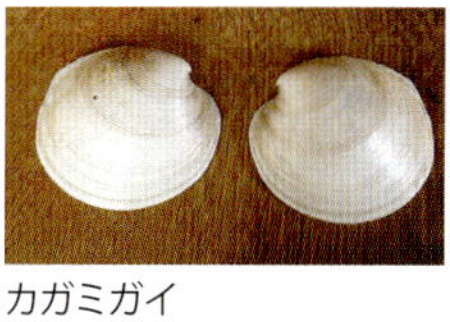

カガミガイ

ツルナ（ザクロソウ科） 蔓菜

Tetragonia tetragonioides

分布：北海道南部以南の砂地　　高さ：50cm

ツルナ（2010.5.29 日置市）

ツルナの収穫

ツルナのおひたし

ツルナの味噌汁

ツルナの酢の物

ツルナの酢味噌和え

砂丘海岸に普通に見られる。種を海流に乗せて分布を広げるため、海岸線の波打ち際近くに生える。岩場の際や砂礫地にも生える。

葉の表面に、水滴状の粒状突起があるため、白く光って見える。4～11月に小さな黄色い花を葉腋につける。ほかに類似種はないからすぐに見分けられる。

鹿児島ではハマヂシャと呼んで、昔から利用してきた。ニュージーランドでは、先住民のマオリ人も食べていたという。

【採り方】やわらかい新芽の部分を手でちぎって収穫する。ちぎれるところはやわらかいので、ちぎれるかどうかが目安。

【食べ方】アクが弱いので食べやすい。わずかにしゅう酸が含まれるので酸っぱいが、湯通しすれば消える。茹でて和え物、味噌汁の具にする。酢味噌和え、マヨネーズで食べてもいい。

オカヒジキ（アカザ科） 岡鹿尾菜・岡羊栖菜

Salsola komarovii

分布：北海道〜南西諸島の砂地や砂礫地　高さ：40cm

オカヒジキ（2011.6.26 薩摩川内市）

オカヒジキの収穫

オカヒジキの卵とじ

オカヒジキの群落

オカヒジキのおひたし

オカヒジキとそば

オカヒジキと冷奴

ツルナと同様、砂丘海岸に見られるが、どこにでもあるわけではない。おまけに砂浜の消滅に従って自生地が減少した。絶滅したところも多い。山形県では海岸から遠く離れた内陸部で栽培している。

オカヒジキとはよく言ったもので、ぷりぷりした姿形が、ヒジキそのものである。かたい印象があるが、茹でたら軟らかくなって食べやすい。

全体が無毛、葉は多肉質、棒状で先はとがる。別名はミルナ。これも海藻のミルに擬した名である。

【採り方】やわらかい新芽の部分を手でちぎって収穫する。

【食べ方】本種もアクが弱い。味はとりたてて主張はないので、どんな料理にも合う。茹でたら鮮やかな緑になるので、様々な料理の添え物にいい。茹でておひたし、味噌汁の具。酢味噌和え、マヨネーズで食べてもいい。

クサギ （クマツヅラ科） 臭木

Clerodendrum trichotomum

分布：日本全土の林縁や道路わき　　高さ：3m

クサギ（2010.7.17 奄美市）

林縁のクサギ

クサギの若芽

クサギの収穫

クサギの味噌汁

クサギのおひたし

クサギの炒め物と卵焼き

海岸に限らず、人里近くの林縁や道路わきに生える落葉の小高木。

葉っぱをもめば何とも臭いからクサギ。ずっと昔から食べられてきた。救荒食物として知られ、戦前世代の筆者の母は、クサギの味噌汁の味が忘れられない、と今でも口にする。熱を通せば臭みもほぼ取れる。いくらか残るものの、それが独特の風味としておいしく感じられる。そのままか、湯がいて乾燥させれば、いつまでも保存がきく。乾燥させたものも臭みはない。

8月に咲く花は白く、がくは赤い。アゲハ蝶がよく吸蜜にくる。

【採り方】やわらかい若い葉を3､4枚摘む。乾燥して保存したものは、水に戻して料理する。

【食べ方】味噌汁の具。独特の風味が脳裏に残る。茹でておひたし、酢味噌和え、マヨネーズで食べてもいい。

オイランアザミ （キク科） 花魁薊

Cirsium spinosum

分布：南九州～奄美大島の海岸近くの草地　　高さ：1m

海岸の砂礫地や岩場の隅に凶暴な棘を備えて群落をなしている。本種は九州南部から奄美にかけて生えるが、同じような凶暴なアザミに、千葉県以南から九州にかけてはハマアザミ（*Cirsium maritimum*）がある。本土ではアザミは根をきんぴらごぼうのように食すが、種子・屋久から奄美では、棘のついた葉をそぎ落とし、軸をフキやツワブキのように甘辛く煮て食べる。

【採り方】カマで葉の根元を切り、葉の軸を残してそぎ落とす。

【食べ方】フキと同様、醤油、砂糖で煮つける。とんこつ料理に合う。

オイランアザミ（2010.6.30 日置市）

オイランアザミの花（2014.9.15 薩摩川内市）

アキグミ （グミ科） 秋茱萸

Elaeagnus umbellata

分布：北海道～屋久島の海岸近くの林縁　　高さ：2m

沿岸部の林縁に多い。秋に実るからアキグミ。実が米粒のように小さいからか、鹿児島ではコメグミと呼ぶ。海辺の楽しみの第一はグミ採りだった。袋にグミを入れつつ松林をたどるうち帰り道を失いよく迷子になった。4、5月、田植え前の苗代を準備するころ、一回り大きい実がなるのがナワシログミ（*Elaeagnus pungens*）。

【採り方】樹形と葉の白さが見慣れたら遠くからでもグミとわかる。実をもいでいく。

【食べ方】生で味わう。まさに季節の味だ。

アキグミ（2014.11.11 鹿児島市）

アキグミ

アキグミ

ハマボウフウ （セリ科） 浜防風

Glehnia littoralis

分布：日本全土の砂浜　　高さ：30cm

砂浜に普通にあり、若芽を浜ゼリといって刺身のつまにしたものだが、最近ではとんと見かけない。漢方薬にするためとして、根こそぎ採られてしまった。採り尽くせば全滅するのは目に見えている。見かけたら若葉をほんの少し頂くだけにしたい。

【採り方】若葉を数枚摘む。

【食べ方】生で刺身のつま。軽く茹でて酢味噌和えや、天ぷらに。

ハマボウフウ（2010.5.20 薩摩川内市）

ハマボウフウの花

ハマボウフウの刺身のつま

ボタンボウフウ（セリ科）　牡丹防風

Peucedanum japonicum

分布：本州中部以南の砂浜、岩場、崖地　　高さ：60 ～ 100cm

ボタンボウフウ（2011.1.9 薩摩川内市）

潮風が吹き付ける岩場にも育つ

ボタンボウフウの花

収穫したボタンボウフウ

同じセリ科のハマボウフウが砂浜でしか生きられないのに対して、本種は、海辺であればどんな所でもたくましく生き延びる。ほとんど土のないような岩場でも見かけるから、生命力が推し量れよう。かなり内陸でも見かける。砂浜が消えていった今も、脅かされることはない。

トカラ列島以南では、長命草と呼ばれ、長く食されてきた。沖縄では一株食べれば一日寿命が延びると言われるほど。以前から防腐、抗アレルギー、鎮痛作用があると言われてきたが、最近では健康食品ブームのせいもあって特に注目され、大学や健康食品関係の研究者が、盛んに動物実験などで有効成分を分析している。

その結果、ポリフェノールの一種のルチンが動脈硬化防止に、クロロゲン酸がダイエット効果、さらにプテリキシンは抗肥満効果と、新しい成分が次々に見つかった。

だが、昔から長命草と呼ばれるほど、い

ボタンボウフウのパスタ

ボタンボウフウのおひたし

ボタンボウフウのキムチ和え

ボタンボウフウの味噌汁

ボタンボウフウの吸い物

いものはいいわけで、横文字の成分は逆に商売っ気を感じさせる。商品化につれて大規模な栽培も始まっているが、厳しい環境で育つ野生のほうがなんだか良さそうだ。

アクが強いが、火を通せば食べやすくなる。すき焼きに入れれば、春菊とは違ったアクが楽しめる。天ぷらや炒め物にしたら気にならない。

葉っぱがボタンに似ているからボタンボウフウ。3枚一組の肉厚の葉が出て、先は2裂か3裂する。切れ込みは深く切れ込んだり浅かったりまちまちだ。白い小花を多数つける。

【採り方】若葉を数枚摘む。

【食べ方】アクが強いが火を通すと食べやすくなる。味噌汁や吸い物の具。茹でて酢味噌和えや、おひたし。かなり火を通す炒め物やすき焼きの具、天ぷらにすれば、アクはほとんど気にならない。

ホソバワダン（キク科）細葉海菜

Crepidiastrum lanceolatum

分布：島根県、山口県～南西諸島の海岸の岩場、礫地、崖地　高さ：20 ～ 30cm

ホソバワダン（2011.5.4 南さつま市）

潮風が吹き付ける岩場にも育つ

収穫したホソバワダン

ホソバワダンの吸い物

ホソバワダンの味噌汁

ホソバワダンのおひたし

ホソバワダンのサラダ

ワダンのワダは海の古称、ンは菜の転訛。ボタンボウフウと似たような環境にたくましく育つ。生の葉を噛むとほろ苦い。トカラ以南では、ニガナと呼んで昔から食べられてきた。熱や下痢止め、高血圧にもいいとされる。胃が重いときにも好まれる。実際筆者も胃の調子が悪いとき、生の葉を噛んで苦みを味わううちにすっきりしたことがある。沖縄では栽培され販売もされるが、野生のほうが苦みは強いといわれる。

ボタンボウフウは健康食品として注目を集めているが、本種は手つかずだ。

地表にロゼッタ状にスプーン形の葉を広げる。花は 10 ～ 11 月、晩秋に黄色い舌状花を咲かせる。

【採り方】 若葉を数枚摘む。

【食べ方】 火を通すと苦みが弱まり食べやすくなる。味噌汁や吸い物の具。茹でて酢味噌和えや、おひたし。苦みを楽しむなら生葉をサラダの具にしてもいい。

ハマウド （セリ科） 浜独活

Angelica japonica

分布：本州（関東以西）～南西諸島の砂浜、海岸近くの草地　　高さ：1 ～ 1.5m

ハマウド（2011.2.26 薩摩川内市）

根際の若芽を摘む

収穫したハマウド

やわらかい葉っぱだけを頂く

マヨネーズで頂くハマウド

ハマウドの天ぷら

ハマウドの味噌汁

海岸近くの大型のセリ科植物は本種だけなので区別はつきやすい。葉は 1 ～ 2 回 3 出羽状複葉、20 ～ 50cm の葉柄がある。葉柄の基部は膨らんで鞘状になる。白い小さい花を密に咲かせた大型の花を付ける。茎には赤い筋が入る。アシタバ（*Angelica keiskei*）に似るが、アシタバには茎に赤い筋が入らない。またアシタバの花は黄色。

知人が普通に食べているし、筆者もよく食べるが、物の本には苦くて食べられないとあった。苦いどころか、アクも少なくおいしい。毒草というコメントもあったが、みんなぴんぴんしている。地域によっては以前から利用されているようだ。いずれにしろ、あくまで自己責任で味わってほしい。

【採り方】春先、根元近くの若芽を摘んで、やわらかい葉っぱだけを頂く。

【食べ方】茹でておひたしにする。マヨネーズを付けるとおいしい。味噌汁の具にもいい。天ぷらもいい。

ニホンウナギ （ウナギ科） 日本鰻

Anguilla japonica

分布：北海道～南西諸島の湖沼、河川の中・下流域、河口域、沿岸　　全長：60cm

ニホンウナギ（2011.7.13 日置市）

ウナギを食べることは、今ではスーパーでタレ付きの開きを買うか、ウナギ専門店で食べるものとなった。しかも養殖ウナギだ。だが、一度天然ものを口にしたら、養殖ものとのあまりの違いに、誰もが驚かされるだろう。

まず、歯ごたえが違う。効率を上げるために促成飼養された養殖ものは身がやわらかいのに比べ、天然ものはぷりぷりしている。養殖では出荷まで早いもので半年、大半が１年程度だが、天然ものは１年ではほんの子供で、大きくなって来いよ、と逃がす対象だ。大人になるまで３年はかかる。しかも、逃げ足の速い餌を捕るために、必死に泳ぎ回らねばならない。実が締まる道理だ。見かけもまるで違う。養殖ものは腹が白く背が真っ黒だが、天然ものは、腹が黄色で背は深い緑色。同じ種と思えないほど違う。

ニホンウナギは、今や絶滅危惧種だ。国

ニホンウナギのうな丼

際自然保護連合は 2014 年に指定した。日本の環境省は、2013 年レッドリストに絶滅危惧 IB 類 (EN) として記載した。

どんな生き物も、餌を食べなければそこでは暮らせない。ウナギの主な餌は、エビやカニだ。エビやカニがねぐらにする穴がなくなった。河川改修のせいだ。隙間の多い自然石を取り払ってコンクリートで敷きつめられれば、そこには何もいなくなる。ウナギが消えるのも当然だ。もう一つ、虫を殺す農薬。昆虫は節足動物で、同じ節足動物のエビやカニも親戚だ。田畑にまかれた農薬は川に流れ込み、エビやカニも殺す。

今、漁獲規制が各地で始まっている。先ずやるべきは自然河川の復元と、農薬の規制ではないのか。

農薬が多投されず、河川改修の行き届かない中小河川には、ウナギは上ってくる。

はるか昔から食べられてきたウナギが、豊かに泳ぐ川に戻ることを祈るばかりだ。

石のごろごろした河口近くがニホンウナギのすみか

節をくり抜いたマダケ

ビニールパイプにも入る

両側をふさいで網に吐かす

天然のニホンウナギは腹が黄色

【捕り方】ウナギは色々な捕り方がある。

中でも一番シンプルなものは、節をくり抜いて出入り自由な竹筒をウナギのいそうな場所に置いておく、というもの。夜行性のウナギは夜、餌を探しに出かけ、朝、寝心地の良い竹筒に帰ってくる。置いて1週間もすれば入っているので、昼間、両手でこの竹筒の両側をふさいで持ち上げ、片方に網を置いて水を吐かせばウナギが飛び出してくる。子供でも簡単。竹筒は内径5cmはほしい。節間隔の長いマダケ（カラタケ）が最適。竹を1.5mほどの長さに切って、バールで節を抜く。

この竹筒を仕掛ける場所が問題だが、間違いなくウナギが入るのは河口近くで干満の差があり、石がごろごろしている場所。水辺に竹が侵入している所もいい。大雨で竹筒が流されないように石をかぶせておけば安心だし、ウナギも入り易くなる。

一度入ったら出られないように、返しの

10cm 程度に筒切りに

開いて中骨を取る

ニホンウナギの白焼きは、粗塩を振るだけで絶品

腹開きの完成

網に乗せて白焼きに

ニホンウナギのかば焼き、繰り返し砂糖醤油に漬けて焼く

ついたウナギテボもある。竹で編んだものが一般的だが、最近ではプラスチック製も出回っている。畑で採れる太いミミズを 2、3 匹入れておく。

もう一つ手軽なのが夜釣りだ。太いミミズを餌に、ぶっこみ釣りで当たりを待つ。日没後 2、3 時間が勝負。雨のあと川が濁れば昼間でも釣れる。待ちの釣りだから、竿が 2、3 本あれば効率がいい。竿先に鈴を付けておけば、当たったときリンリンと鳴り響く。細い竹の先に餌のついた針を付けて石の隙間を釣り歩く方法もある。

【食べ方】 頭に釘を打ち込んでさっと開いてもいいが、誰でも簡単にできるのは、10cm 程度に筒切りにすること。それぞれ腹開き (背開き) にして中骨を取る。それを網に乗せ白焼きにする。粗塩を振れば最高だ。白焼きを、砂糖醤油に繰り返し漬けて焼けば、かば焼きの出来上がり。ご飯に乗せれば、ヘーイ、うな丼一丁、となる。

ウロハゼ （ハゼ科） 虚鯊

Glossogobius olivaceus

分布：茨城県、新潟県以南の河口域や汽水湖　全長：20cm

ウロハゼ（2011.8.29 日置市）

ウロハゼの唐揚げ

ウロハゼの煮付け

ウロハゼの塩焼き

岩のある河口域に住む

ウロハゼをゲット

煮付けで煮こごりができた

ウロハゼの煮こごり

ウロハゼのウロは、穴を表す。実際に穴を好み、ウナギ仕掛けの竹筒によく入る。ただ、本種の入っている竹筒にはウナギは嫌がって入らない。こちらには困りものだが、ウロハゼには罪はない。嫌われたあげくに食べられるハゼの身になれば、ただ迷惑な話だ。

第一背鰭の前方に黒点が散在し、尾鰭の基部に黒斑があるので、他と区別できる。産卵は夏で、穴の天井部にたくさんの卵を産みつける。オスメスのペアで産卵するが、産み終えたメスはどこかへ消え、オスが卵の面倒をみる。

【捕り方】ウナギ捕りの竹筒に入る外道として一緒に捕れる。

【食べ方】醤油で煮付ければおいしい。ゼラチン質が豊富なのか、煮汁は冷えれば固まって煮こごりができる。この煮こごりもおいしい。塩焼きや唐揚げも、いける。やわらかい身は、ほのかな甘みが楽しめる。

カワムツ（コイ科） 川鯥

Nipponocypris temminckii

分布：能登半島、天竜川水系以南の河川の中上流、湖沼　　全長：10 ～ 15cm

カワムツ（2011.5.11 鹿児島市、中央はフナ）

カワムツの塩焼き

カワムツの煮付け

料理屋に出荷するおじさん

初心者でも簡単に釣れる

カワムツ

カワムツの唐揚げ

どんな川でも中上流なら普通にいる。流れの弱い淵はコイ、フナのすみかだが、本種は瀬淵を問わない。鹿児島ではモッゴロと呼ぶ。背面は褐色、体の中央に暗い紺色の幅広い縦線がある。腹部は白っぽいが、5～8月の産卵の時期になるとオスは腹部や頭部が赤くなる婚姻色が現れる。

食べるには、農薬が気がかりだから、できるだけ上流で釣りたい。そこにエビがいたら大丈夫。エビがいたら汚染度は低いとみていい。逆にコイやフナなどは汚染に強い。コイやフナが元気に泳いでいるから汚染度が低いということにはならない。

【釣り方】 小さい袖針にポンポンウキを付けて、泳いでいる所に放り込む。餌は何でもいいがソーセージが手軽。すぐに食いついてくる。子供でも簡単に釣れるので、ぜひ親子で楽しみたい。

【食べ方】 煮付けや塩焼き、唐揚げ。くせがなくおいしく食べられる。

モクズガニ（イワガニ科）　藻屑蟹

Eriocheir japonica

分布：北海道〜南西諸島の河川　　殻幅：8cm

モクズガニ（2010.9.10 鹿児島市）

モクズガニがこの川を下る

冬は河口域に集合する

川漁師のかご

かごを引き上げる

中華料理で有名な上海ガニは本種の兄弟、チュウゴクモクズガニだ。上海で食べれば1匹8000円、家の前の川で捕って食べればタダ。筆者がこのモクズガニを紹介するときにいつも話していることだ。

鹿児島では、山太郎蟹と呼ぶ。ずっと昔から、秋になると川のあちこちでカニかごを仕掛け、山太郎捕りが始まった。産卵のために上流から続々と海に下っていく、その途中で捕まえようというのだ。

河口までたどり着いた親ガニは、オスメス大集合し、気に入った相手を見つけ交尾し産卵する。生まれた子供は、しばらく海でプランクトン生活を送り、大潮の夜、満潮に乗って川の奥深くまで達し、その後、カニの形になって、上流に向けて移動を開始する。大人になるまで2、3年かかる。産卵のために海へ下りた親ガニは、産卵期が終わると死んでしまう。

昔話のサルカニ合戦のカニは本種。

かごの中にはモクズガニ

スッポンも入る

かなり大きいモクズガニをゲット

モクズガニを塩茹でする

モクズガニの塩茹で

【捕り方】カニかごはホームセンターや釣り具屋に売っている。8月末～10月にかけて、餌の魚のアラを入れて、川の淵に投げ込んでおけば、何日かすると、かごの中にカニが入っている。一緒に、カワムツなどの小魚が入るので、それを次回のエサにすれば、魚のアラを確保するのは1回で済む。スッポンが入ることもある。

河口域では12月まで捕れる。河口域に仕掛けたウナギ捕り用の竹筒にも入る。大きいカニを竹筒で捕ろうと思うのなら、竹の内径は大きい方がいい。

【食べ方】塩茹で。カニ味噌は風味がこの上なく豊か。濃厚な味噌は一度味わってほしい。メスの抱いた卵もおいしい。身は甘みが深く、どのカニにも負けない。地域によっては、カニを殻ごと細かく砕き、湯に投入して煮た後､ざるで濾して出汁を取る。この出汁で味噌汁を作ったり、ご飯を炊いたりする。極上の味が楽しめる。

ミナミテナガエビ（テナガエビ科）　南手長蝦

Macrobrachium Formosense

分布：神奈川県～南西諸島の河川　　体長：9 ～ 10cm

ミナミテナガエビの塩茹で（2011.7.12 日置市）

ミナミテナガエビがいる岩場

岩の隙間から追い出して網で捕る

エビ捕り用の網

子供もエビ捕りは大好き

大人も夢中になる

数年前、今では珍しくなったメダカを見つけ、たらいで飼っていた。そこに川で捕ったエビを入れていたら、あっという間にメダカは消えてしまった。きっとエビに食べられたのだろう。

川に住むテナガエビの仲間には、胸に 3 本の横縞がある本種のほか、汽水域を好み横縞のないテナガエビ（*Macrobrachium nipponense*）、本種より上流を好んで手が平たいヤマトテナガエビ（ヒラテテナガエビ *Macrobrachium japonicum*）がいる。奄美沖縄には、さらに様々な種類がいる。いずれも、藻類も食べるが肉食を好む。魚のアラを入れたカニかごにも入る。繁殖は川で行うが、孵化した幼生は川を下り海に行きつく。1 カ月ほどで 5mm 程度の稚エビになると、川を歩いてさかのぼる。隠れるところのないコンクリート護岸では、魚に食べられ上流までたどり着けない。

【捕り方】岩の隙間に潜んでいるから、出

サツマイモを噛んで川に吐く

夕方になると護岸に姿を現す

ミナミテナガエビ

ミナミテナガエビの素揚げ

ミナミテナガエビ

ミナミテナガエビの塩茹でのサラダ

ミナミテナガエビの味噌汁

口に川遊び用の網を仕掛け、細い棒などで追い出すと子供でも簡単に捕れる。サツマイモをよく噛んでペッと水の淀んだあたりに吐きだすと、匂いにつられてのそのそとはいだしてくる。イモを噛む代わりに米ヌカを撒いてもいい。

エビ捕り専用の小さな網が釣り具屋に売っている。はいだしてきたエビを捕るならこちらが便利。エビは後ろに逃げるので後ろからそっと網をかぶせる。うまくかぶったら、エビは驚いて網に絡まるのでそのまま網を上げればいい。

本来夜行性だから、夕方から川辺の護岸に姿を見せる。暗くなって懐中電灯で照らしながら捕るのも風情がある。

【食べ方】素揚げ。そのまま油に入れて素揚げし、塩を振って食べれば他に何もいらない。殻も足も頭も、バリバリ食べよう。塩茹でもいい。いろんな料理の具になる。味噌汁にいれてもいい。

マシジミ （シジミ科） 真蜆

Corbicula leana

分布：青森〜九州の河川　　殻幅：4cm

マシジミ（2011.5.13 鹿児島市）

河川の中流から上流の砂礫底にすむ。河口近くの汽水域には、殻の内側が白く殻表の光沢の強いヤマトシジミ（*Corbicula japonica*）がすむ。シジミとして流通しているのはほとんどが、ヤマトシジミ。

最近では、本来マシジミのいるはずのところに外来のタイワンシジミ（*Corbicula fluminea*）が増えている。専門家でも同定が難しいというほどよく似ている。

栄養豊富で、タウリンやオルニチンなど肝臓にいい成分を含む。江戸の昔から二日酔い覚ましに好まれてきた。

【採り方】シジミを採るには、まず貝殻を探す。川の底に貝殻を見つけたら、そこにはいるということ。砂ごとシャベルですくって、ザルで砂をこせば、小石とともにシジミが残る。後は数時間真水で砂抜きすれば、おいしいシジミ汁にありつける。

【食べ方】味噌汁が定番。濃厚な旨味が楽しめる。吸い物、貝ご飯もいい。

マシジミのいる用水路

水底に貝殻発見

砂ごとシャベルですくう

ザルでこすとシジミが残る

真水で数時間砂抜きをする

マシジミの味噌汁

マシジミの吸い物

マシジミの貝ご飯

ヤエヤマヒルギシジミ （シジミ科） 八重山ヒルギ蜆

Geloina erosa

分布：奄美大島以南の干潟　　殻長：7.7cm

奄美・沖縄には、日本最大のシジミの仲間の本種がいる。最大 10cm を超える。残念ながら奄美大島では希少種ということで、鹿児島県の条例により採取は禁止されている。以前はお祝いごとのとき食べていた。いい出汁の出る吸い物がおいしかったと聞いた。石垣島や西表島では採って食べている。

写真は奄美大島住用町のマングローブの砂の上に転がっていた。

【食べ方】 奄美ではかつて吸い物でいただいていた。砂出しを十分にすること。

ヤエヤマヒルギシジミ（2012.9.9 奄美市住用町）

参考文献

神谷充伸監修『ネイチャーウォッチングガイドブック　海藻』(誠文堂新光社、2012)
田中次郎他『日本の海藻　基本 284』(平凡社、2004)
岡村金太郎『海藻譜』(東京書房、1982)
新崎盛敏『原色新海藻検索図鑑』(北隆館、2002)
瀬川宗吉『原色日本海藻図鑑』(保育社、1980)
千原光雄他監修『原色ワイド図鑑 10 海藻・菌類』(学習研究社、1990)
藤井つゆ『新版　シマヌジュウリ』(南方新社、1999)
行田義三『貝の図鑑　採集と標本の作り方』(南方新社、2007)
吉良哲明『原色日本貝類図鑑　増補改訂版』(保育社、1992)
奥谷喬司、楚山勇『フィールド図鑑　貝類』(東海大学出版会、1987)
今原幸光編著『磯の生き物図鑑』(トンボ出版、2011)
小林安雅『海辺の生き物』(山と渓谷社、2005)
蔵満逸司『奄美食紀行』(南方新社、2005)
大富潤『九州発　食べる地魚図鑑』(南方新社、2011)
川原勝征『山菜ガイド　野草を食べる』(南方新社、2005)
橋本郁三『野生植物食用図鑑』(南方新社、2006)
片野田逸朗『九州・野山の花』(南方新社、2004)
片野田逸朗『琉球弧・野山の花』(南方新社、1999)
鹿児島の自然を記録する会『川の生きもの図鑑』(南方新社、2002)

参考にしたホームページ

weblio 辞書　http://www.weblio.jp/
三重大学藻類学研究室　http://soruipc2.bio.mie-u.ac.jp/top.html
生きもの好きの語る自然誌　http://natural-history.main.jp/indexs.html
ぼうずコンニャクの市場魚介類図鑑　http://www.zukan-bouz.com/
貝類図鑑　http://bigai.world.coocan.jp/index.html
珊瑚礁の貝　http://www.kanpira.com/iriomote_museum/shell/coral_area.htm
そらいろネット　http://sorairo-net.com/index.html
西表島貝類館　http://www.kanpira.com/iriomote_museum/shell/index.htm#contents
WEB 魚図鑑　http://zukan.com/fish/

索　引

あとがき

私たちが子供の頃、普通に食べていた海辺の生き物の獲り方（捕り方、採り方）と食べ方を、写真と文章で紹介しようという本書『海辺を食べる図鑑』。取りかかって５年、やっと形になりました。意外と時間がかかりましたが、それでも掲載できなかった種は、まだまだあります。

わずかにいる毒のある生き物に注意したら、あとは海辺の年寄りがしばしば口にする「海の生き物で食べられないものはない」を基本にしたらいいでしょう。そう見ると、海はものすごい食べ物の宝庫だと理解してもらえるはずです。

海辺で食べ物を獲り、食べていると、大昔からの人々の暮らしに想いを巡らすことができます。と同時に、どこでも生きていけるというほのかな自信をつかむことができるはずです。「子供たちに生きる力を」と、しばしば繰り返されます。「生きる力」とは、本来、自分の両の手で食べ物を調達する知恵です。決して、競争に勝ち抜く知恵ではないはずです。

海辺は、全ての人に開かれています。だれのものでもありません。それが、都市化のあおりを受けて、埋め立てやバイパス工事などでどんどん消えてしまいました。今では、どんな田舎でも護岸工事がなされ、海辺は遠くなっています。福島では2011年、原発事故が起こり、海辺という海辺が、放射能でたいそう汚染されてしまいました。

私たちは、どれだけ文明が進んだとしても、自然の中でしか生きることはできません。私たちの血や肉、骨、あらゆる器官が自然の恵みから成り立っているのです。

海辺が永遠であることを、心より祈ります。

本書は、『山菜ガイド　野草を食べる』（川原勝征、南方新社）と対をなすものです。多くの人が、海辺で、そして野山で、自然の恵みを堪能してほしいと思います。

なお本書の制作に当たり、種の同定については鹿児島大学水産学部の３人の先生にお手を煩わしました。海藻は寺田竜太先生、エビ・カニは鈴木廣志先生、魚類は大富潤先生です。また、小社の『貝の図鑑　採集と標本の作り方』の著者である行田義三先生には貝の同定で相談に乗っていただきました。ただ、筆者が種を判断したものもあります。間違ったものがあれば、すべて筆者の責任であることを申し添えます。

「毒のある海の生き物」の項では、大富潤先生、宇都宮英之氏に写真を提供いただいたほか、鹿児島県立博物館には標本の写真撮影を許可していただきました。

また、書籍やホームページも参考にさせていただきました。別項にて一覧記載しています。記して感謝申し上げます。

2015年１月

向原祥隆

著者プロフィール

向原 祥隆（むこはら よしたか）

1957年、鹿児島県日吉町生まれ。1980年京都大学農学部卒業。東京に本社を置く広告出版会社を経て、1992年Uターン。1994年に図書出版株式会社南方新社を設立、代表取締役に就任。600点を出版、現在に至る。著書に『地域と出版』（南方新社、地方出版文化功労賞奨励賞）、『新・海辺を食べる図鑑』（南方新社）。

獲って食べる!
海辺を食べる図鑑

発行日 2015年 2月16日 第1刷発行
2021年12月21日 第3刷発行

著者 向原祥隆 Yoshitaka Mukohara

ブックデザイン オーガニックデザイン

発行者 向原祥隆 Yoshitaka Mukohara

発行所 株式会社 南方新社
Nanpou Shinsya, Kagoshima
〒892-0873 鹿児島市下田町292-1
電話 099-248-5455
振替 02070-3-27929
URL http://www.nanpou.com/
e-mail info@nanpou.com

印刷・製本 モリモト印刷株式会社
乱丁・落丁はお取り替えします
© Mukohara Yoshitaka 2015
Printed in Japan
ISBN978-4-86124-312-7 C2077

干潟の生きもの図鑑

◎三浦知之
定価（本体3600円+税）

鳥、魚、カニ、エビ・ヤドカリ類、小型甲殻類、巻き貝、二枚貝、その他動物。干潟の生き物観察と採集の方法、種の特徴やよく似た種の見分け方を、1200点の写真とともに解説。初の本格的干潟図鑑。

川の生きもの図鑑

◎鹿児島の自然を記録する会編
定価（本体2857円+税）

川をめぐる自然を丸ごとガイド。魚、エビ・カニ、貝など水生生物のほか、植物、昆虫、鳥、両生、爬虫、哺乳類、クモまで。上流から河口域までの生物835種を網羅する総合図鑑。学校でも家庭でも必備の一冊。

貝の図鑑
採集と標本の作り方

◎行田義三
定価（本体2600円+税）

本土から奄美群島に至る海、川、陸の貝、1049種を網羅。採集のしかた、標本の作り方のほか、よく似た貝の見分け方を丁寧に解説する。待望の「貝の図鑑決定版」。この一冊で水辺がもっと楽しくなる。

増補改訂版 昆虫の図鑑
採集と標本の作り方

◎福田晴夫他著
定価（本体3500円+税）

大人気の昆虫図鑑が大幅にボリュームアップ。九州・沖縄の身近な昆虫2542種を収録。旧版より445種増えた。注目種を全種掲載のほか採集と標本の作り方も丁寧に解説。昆虫少年から研究者まで一生使えると大評判の一冊！

野生植物食用図鑑

◎橋本郁三
定価（本体3,600円+税）

ゆでる、揚げる、リキュールをつくる、木の実でジャムをつくる――。野生植物を調査し続けて20数年、多数の著書をものする植物学者がまとめた一冊。沖縄・奄美・南九州で出会った野草の、景色と味わいを満載。

九州・野山の花

◎片野田逸朗
定価（本体3900円+税）

葉による検索ガイド付き・花ハイキング携帯図鑑。落葉広葉樹林、常緑針葉樹林、草原、人里、海岸……。生育環境と葉の特徴で見分ける1295種の植物。トレッキングやフィールド観察にも最適。

増補改訂版
校庭の雑草図鑑

◎上赤博文
定価（本体2000円+税）

学校の先生、学ぶ子らに必須の一冊。人家周辺の空き地や校庭などで、誰もが目にする300余種を紹介。学校の総合学習はもちろん、自然観察や自由研究に。また、野山や海辺のハイキング、ちょっとした散策に。

琉球弧・野山の花
from AMAMI

◎片野田逸朗著 大野照好監修
定価（本体2900円+税）

世界自然遺産候補の島、奄美・沖縄。亜熱帯気候の島々は植物も本土とは大きく異なっている。植物愛好家にとっては宝物のようなカラー植物図鑑。555種類の写真の一枚一枚が、琉球弧の自然へと誘う。

●第２弾　新たに158種を掲載●

獲って食べる！

新・海辺を食べる図鑑

写真と文・向原祥隆、Ａ５判、160Ｐ、オールカラー、定価（本体2,000円＋税）

シリーズ第2弾を刊行！ 第１弾の『海辺を食べる図鑑』刊行から6年の準備を経て、第１弾に掲載できなかった種、158種を新たに掲載した。海辺は自然の野菜畑、生き物の牧場だ。

この本に掲載した主な生き物を紹介しよう。
海藻では、岩ノリの仲間、ハバノリやユナ、テングサの仲間。トコロテンの作り方も紹介した。磯の貝ではヘビガイ、エガイが見逃せない。磯の生き物ではショウジンガニやイシガニなどカニ類を充実。10種が新たにお目見えする。磯・堤防の魚では、スズメダイ、ベラ、カワハギの仲間が勢ぞろい。砂浜・干潟の生き物では、ほとんど知られていないスナホリガニが登場する。
海辺はあなたを待っている。さぁ行こう。獲って食べよう!!

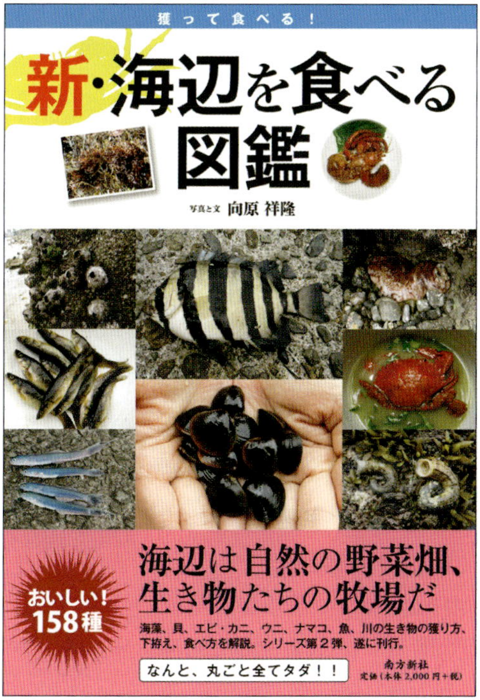

ご注文は、お近くの書店か直接南方新社まで（送料無料）
書店にご注文の際は必ず「地方小出版流通センター扱い」とご指定下さい。

九州発

食べる地魚図鑑

大富 潤 著　A5判　255P　オールカラー　定価（本体3800円＋税）

「マヒトデはカニみその味」のタイトルでヤフーニュースのトップページに登場、アマゾン人気ランキングの１位など話題をさらった最強の地魚図鑑。魚好き必携の一冊。

魚、エビ、カニ、貝、ウニ、海藻など550種!!　店先に並ぶ魚はもちろん、漁師や釣り人だけが知っている魚まで丁寧に解説。著者は水産学部の教授。3年かけて港町をめぐり全ての魚を実際に著者が料理して食べてみた「おいしい食べ方」も紹介する。魚に加えて、エビ・カニ、貝、ウニ・クラゲや海藻まで。

巻頭には魚料理の基本、さばき方から、刺身、茹で、煮、焼き、揚げまで丁寧にてほどき。簡単レシピ75、とっておきレシピも公開。

ご注文は、お近くの書店か直接南方新社まで（送料無料）
書店にご注文の際は必ず「地方小出版流通センター扱い」とご指定下さい。